AF559283

Thomas Gelfert

TESTAMENT7

Das Siegel des Falken

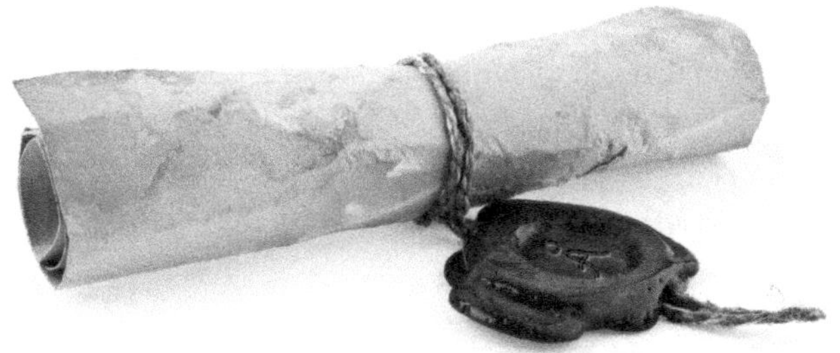

Thomas Gelfert
Testament7: Das Siegel des Falken

Best.-Nr. 271586
ISBN 978-3-86353-586-5
Christliche Verlagsgesellschaft Dillenburg

Die Bibelstellen wurden zitiert nach:

NeÜ bibel.heute

Lutherbibel, revidiert 2017

1. Auflage

www.cv-dillenburg.de
Umschlaggestaltung: Thomas und Claudia Gelfert
Satz und Illustration: Thomas Gelfert
Umschlagmotiv: © Thomas Gelfert
Druck: GGP Media GmbH, Pößneck
Printed in Germany

Inhalt

Gefahr im Wald

Kapitel 1

„Na los! Kommt schon, ihr trüben Tassen!“ Fröhlich hüpfte Dominik über den weichen Moosboden des Waldes und winkte seinen Freunden, die kaum hinterherkamen. Er lief immer weiter den Berg hinauf. Oben angekommen kletterte er auf einen Baumstumpf, breitete die Arme aus und rief: „Herzlich willkommen in meiner Arena!“

Hechelnd erreichten Paul, Samuel und Sarah die Anhöhe und schauten neugierig in die Richtung, in die Dominik zeigte.

„Krass! Das sieht tatsächlich fast wie ein Kolosseum aus“, meinte Samuel nickend.

„Mitten im Wald“, ergänzte Paul. „Sieht man auch nicht oft.“

Dominik sprang die stufenartige Innenwand hinab, suchte sich einen langen Stock und begann, damit in der Luft herumzufuchteln. „Ha! Nimm das!“, rief er vor sich her, während er einen unsichtbaren Gegner zu bekämpfen schien.

„Gegen Luft zu kämpfen ist doch keine Kunst.“ Samuel schüttelte lachend den Kopf, sprang ebenfalls hinunter und schnappte sich einen dünnen Ast.

Mit zusammengekniffenen Augen stellte sich Dominik seinem Freund gegenüber und sagte laut: „Wollt Ihr mich herausfordern, Ihr kleiner Unhold?“

„Aber natürlich, mein Herr! Euch muss mal jemand zeigen, wo's langgeht.“ Samuel umfasste seinen Ast und nahm die Herausforderung an. Dominik rannte auf ihn zu und holte aus. Im letzten Augenblick wich Samuel aus und stellte Dominik ein Bein, der prompt stolperte.

„Na, mein Herr? Habt Ihr genug?“, lachte Samuel.

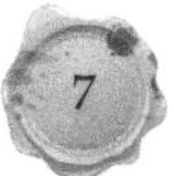

„Niemals!“, schrie Dominik lachend und rappelte sich wieder auf.

Paul und Sarah hatten es sich inzwischen auf der Anhöhe bequem gemacht und schauten dem fröhlichen Treiben aus sicherer Entfernung zu. Sie merkten gar nicht, wie sich ihnen jemand näherte.

Plötzlich rief derjenige: „Keine Bewegung!“

Reflexartig drehte Paul sich um und zerkratzte sich die Wange an einem spitzen Ast. „Ahh! Aua!“

„Ich sagte doch: Keine Bewegung!“

„Hey, Mann! Spinnst du?“, beschwerte sich Paul und wischte sich über die blutende Wange.

Sarah war sofort zur Stelle und reichte ihm ein Taschentuch. „Hier, versuch's mal damit.“

„Danke.“

Dieser Zwischenfall war Samuel und Dominik nicht entgangen, und so kletterten sie geschwind zu ihren Freunden hinauf.

„Was wollt ihr denn hier?“ Samuel stellte sich auf und verschränkte die Arme.

Einer der neuen Besucher kam auf ihn zu und bedrohte ihn mit einem Ast. „Was wir hier wollen? Soll das 'n Witz sein? Ihr seid in unserem Revier!“

Genervt schlug Samuel den Ast beiseite. „Sagt *wer?*“

„Sagt der Anführer der *Black Eagles!*“, zischte der Junge mit dem Ast in der Hand.

„Pfff.“ Samuel grunzte und drehte sich zu Paul und Sarah um. „Kennt ihr Kevin noch?“

„Wie sollten wir den wohl vergessen.“ Paul rieb sich die schmerzende Wange.

Dominik meinte schnippisch: „Der hatte doch schon damals die große Klappe, als wir vom Bürgermeister ausgezeichnet wurden.“

Jetzt trat Kevin noch näher an Samuel heran, sodass Samuel Kevins Schweiß riechen konnte.

„Boah, Alter! Du musst dringend mal duschen!" Angewidert wedelte sich Samuel mit der Hand vor der Nase herum.

Kevin überhörte es einfach und sagte mit bedrohlicher Stimme: „Hatte ich euch nicht damals schon davor gewarnt, uns in die Quere zu kommen?"

„Nu mach mal halblang, Kevin", schaltete sich nun auch Sarah ein. „Das ist doch nicht dein Wald."

Jetzt kam eines der Mädchen der *Black Eagles* dazu, stellte sich oben auf die Anhöhe und zeigte ins Wald-Kolosseum. „Das ist unser Revier. Und zwar schon seit Jahren. Ihr habt kein Recht, hier zu sein. Basta!"

Auf einmal begann Samuel laut zu lachen. „Wie bitte? Du willst uns doch nicht ernsthaft von dieser ... Moosgrube ... verscheuchen."

Nun kam ein weiteres Mitglied der Bande nach oben und gesellte sich zu ihnen. „Komm bloß nich' auf dumme Ideen! Hörst du? Wir sind in der Überzahl. Fünf gegen vier."

„Ha!" Dominik spuckte verärgert auf den Boden. „Ich sag nur: Klasse schlägt Masse."

Verdutzt grinsten Samuel und Paul ihren Freund an.

„Was denn?" Dominik hob die Schultern. „Ist doch wahr! Wahrscheinlich nur 'ne große Klappe und nichts dahinter."

„Das wirst du bereuen", grummelte der Kerl neben Kevin und ballte die Fäuste.

„Versuch's doch!", forderte Samuel ihn auf, bereit, jeden Augenblick loszuschlagen.

Fünf Sekunden lang herrschte eisige Stille. Angespannt wartete jeder auf die Reaktion des anderen. Die Zeit schien stehen geblieben zu sein.

Doch dann nahm Samuel eine Bewegung wahr: Kevin beugte sich leicht nach hinten und holte mit dem Ast aus. Blitzschnell duckte Samuel sich, machte eine Drehung am Boden und holte kräftig mit dem Bein aus. Er traf Kevin am Fuß, sodass der zu wanken begann. Sein Freund versuchte, ihn zu halten. Da sah Dominik seine Chance und schubste die beiden zur Seite, sodass sie den Hügel hinunterrollten.

„Ha! Das habt ihr davon! Verschwindet!", schrie er ihnen hinterher.

„Nicht so schnell." Samuel und Dominik schauten sich um und sahen, wie Sarah mit dem Mädchen aus der Bande kämpfte – und den Kürzeren zog. Am Ende befand sich das Mädchen hinter Sarah. Sie hatte ihr den Arm verdreht und ihren eigenen Arm um Sarahs Hals geklemmt.

„Hey, lass mich los!", hustete Sarah. „Ich krieg keine Luft."

„Wenn du ihr auch nur ein Haar krümmst, dann ..." Paul hatte sich inzwischen wieder gefangen. Er ignorierte seine Wunde und wollte Sarah helfen.

„Dann was?", fragte das Mädchen und guckte dabei ziemlich böse.

Paul ging strammen Schrittes auf die beiden Mädchen zu, bereit, alles zu tun, was nötig wäre.

„Bleib mir bloß weg!", schrie das Mädchen und drückte fester zu.

„Aah ... hust." Mehr bekam Sarah nicht heraus.

Paul stoppte und überlegte fieberhaft, was er tun konnte.

„Wer ist jetzt am Arsch, hä?", rief Kevin wütend, während er wieder hinaufgeklettert kam.

Samuel drehte sich sofort wieder zu ihm um und raunte ihm zu: „Los, komm schon! Ich bin noch nicht fertig mit dir!"

Paul holte tief Luft. „Oookaayyyyy. Jetzt mal alle schön langsam, ja? Das muss doch nicht gleich ausarten."

„Und wie willst du dieses Problem lösen?" Kevin schien sich etwas zu lockern.

„Ähm ... na ja. Zunächst einmal: Sorry, dass wir in eurem Revier gespielt haben. Wir hatten einfach keine Ahnung. Schließlich steht hier kein Schild herum."

„Paul!" Irritiert fuhr Samuel herum und funkelte seinen Freund an: „Was soll das?"

Paul hob schweigend die Hand und sah Kevin erwartungsvoll an. Auch alle anderen schauten nun auf ihn.

„Hmpf. Na schön. Entschuldigung angenommen. Und jetzt macht, dass ihr davonkommt!“ Dann wandte er sich an Maya. „Lass sie los!“

Sarah riss sich los, hustete und rieb sich den Hals. „Wolltest du mich erwürgen? Blöde Kuh!“

„Haste nich‘ genug?“, drohte Maya ihr.

Doch Sarah huschte schnell hinter Paul.

„Und jetzt ... gehen wir trotzdem nicht“, erklärte Paul mit fester Stimme.

„Ach, nicht?“ Kevin war sichtlich überrascht. „Braucht ihr noch 'ne Lektion?“

Samuel und Dominik gesellten sich zu Paul und Sarah, gespannt darauf, was Paul vorhatte. Er schien einen Plan zu haben.

Mit ruhiger Stimme sagte er: „Maya meinte, wir hätten nicht das Recht, hier zu sein.“

„So ist es!“, bestätigte sie.

„Nun, erklärt mir mal, wieso!“

„Was gibt's da zu erklären?“ Genervt schüttelte Kevin den Kopf. „Erstens waren wir schon eher hier und außerdem ... halt einfach, weil ich es gesagt hab, und basta!“

„Das ist sachlich zur Hälfte falsch“, erklärte Paul.

„Bitte?“ Kevin zog die Augenbrauen hoch.

Paul grinste. „Es ist unbestritten, dass wir – heute – eher hier waren als ihr. Dieses Argument zählt also nicht. Wir hatten außerdem schon festgestellt, dass wir von eurem fragwürdigen Anspruch nichts wissen konnten. Warum sollte nun das einzig verbliebene Argument – dass du es gesagt hast – von Bedeutung sein?“

Paul verlangte von seinem Gegner nachzudenken. Darauf schien der nicht vorbereitet gewesen zu sein. Kevin rang nach Worten.

Da kam ihm sein Freund zu Hilfe, der fies grinsend anmerkte: „Wie wäre es mit dem Recht des Stärkeren?“

„Genau! Voll korrekte Ansage, Mann!“, bestätigte Kevin.

„DAS wäre noch zu beweisen, du Wurm“, brummte Samuel.

„Ach was“, winkte Paul ab. „Kloppen kann sich doch jeder.“

„So?“ Irritiert sah Kevin Paul an. „Was schlägst du also vor?“

„Eine Challenge!“

„Haha!“, lachte Maya böse. „Das ist sinnlos. Wir machen euch eh platt.“

„Das bleibt abzuwarten“, entgegnete Paul. „Drei Runden. Der Sieger darf bleiben.“

Kevin überlegte kurz. Dann hellte sich sein Gesicht auf, und er nickte. „Geht klar, Mann.“

„Hey, Chef!? Was soll das? Die wollen uns das Revier streitig machen, und du spielst da mit?“ Maya verstand nicht.

Doch Kevin grinste noch immer. „Keine Sorge. Wenn sie unbedingt leiden wollen, sollen sie doch.“ Dann wandte er sich an Paul und schlug vor: „Die erste Runde wird einfach. Guck, wir nehmen diesen Baum da drüber, der so einzeln steht. Das sind vielleicht dreißig oder vierzig Meter. Hier sind jede Menge Zapfen. Jeder hat einen Wurf. Wer trifft, bekommt einen Punkt.“

Paul sah sich das Ziel an. „Ziemlich weit weg.“

„Willste kneifen?“

„Nein!“

Dominik zerfurchte die Stirn. „Das ist aber ungerecht. Wenn wir nur vier Leute sind, haben wir ja auch nur vier Würfe, ihr aber fünf.“

„Tja, mein Guter. So ist das Leben“, grinste Maya und schlängelte sich gemütlich an ihm vorbei. „Ich fang an.“

Sie holte kräftig aus, warf und traf ... daneben. „Mist!“

Dominik grinste.

„Dann werfe ich als Nächstes.“ Dominik suchte sich einen runden Zapfen, zielte und warf. „Boom! So macht man das.“

„Das war Glück!“, frotzelte Kevin und warf seinen Zapfen. Auch er traf. „Siehste?“

Jetzt war Samuel an der Reihe. Er nahm sich absichtlich den größten Tannenzapfen, den er finden konnte, und warf ihn mit solcher Wucht an den Baum, dass der Zapfen direkt zerbrach. Dann sah er Kevin ernst an.

Kevin hielt Samuels Blick stand.

Der schlaksige Freund Kevins kam herbei und meinte arrogant: „Keine Kunst. Das kann ich sogar noch besser.“ Er nahm gleich drei Zapfen und holte aus.

Kevin wollte ihn noch bremsen. „Mann, Alter. Was soll das?“

Doch sein Freund ignorierte ihn, holte aus und warf. Sein dreifaches Wurfgeschoss flog in alle Richtungen davon und verfehlte den Baum meterweit. „Upps.“

„Super Leistung!“, spotteten die zwei anderen *Black Eagles,* die noch dabeistanden.

„Okay, dann versuch ich es jetzt. Aber ich fürchte, das wird nix.“ Sarah positionierte sich, holte aus, warf und traf Maya.

„Hey, pass doch auf!“, schrie Maya. „Ich bin doch kein Baum.“

„Oh, sorry!“ Sarah wurde ganz rot im Gesicht. „Tut mir leid, Jungs.“

„Ist schon okay.“ Paul legte seine Hand freundlich auf Sarahs Schulter und flüsterte: „Mach dir keine Gedanken. Das ist nur ein kleiner Wettbewerb.“

„Aber wenn wir verlieren?“

„Werden wir nicht.“

„Was macht dich da so sicher?“

„Vertrau mir!“

Sarah blickte Paul mit großen Augen an.

Inzwischen hatten die beiden anderen *Black Eagles* ihre Zapfen geworfen. Einer hatte getroffen, der andere nicht.

„So ... dein Wurf entscheidet“, sagte Samuel.

Paul stellte sich an die Linie, die Kevin in die Erde geritzt hatte. Er schloss die Augen, atmete ganz ruhig und fühlte die raue, offene Oberfläche des Kiefernzapfens. Er spürte einen leichten Windhauch und öffnete die Augen. Paul fixierte den Baum, holte aus und warf. Alle Augen waren jetzt auf den fliegenden Zapfen gerichtet. Boom!

„Klasse Wurf, Bro!", rief Dominik aufgeregt. „Wir haben gewonnen."

„Eine Runde! Schnapp nicht gleich über!", bremste Kevin ihn.

Maya fügte an: „Das nennt man Anfängerglück."

In den nächsten Minuten wurden weitere Vorschläge für den Wettbewerb diskutiert, und die Teams traten gegeneinander an. Runde zwei konnten die *Black Eagles* für sich verbuchen. Die letzte Runde befand sich kurz vor ihrem Ende. Man hatte sich für eine improvisierte Version Wikingerschach entschieden. Jeder Spieler hatte nur einen Wurf zur Verfügung, um die gegnerischen Figuren, oder besser gesagt Äste, umzuwerfen. Jetzt stand nur noch der Turm in der Mitte, und Kevin hatte den nächsten Wurf.

Plötzlich blickte Maya nach oben und rief: „Achtung, der Ast!" Dabei zeigte sie auf einen Punkt über Samuel, Paul, Sarah und Dominik.

Sofort guckten sie alle nach oben. Aber da war nichts.

Als sie wieder nach unten sahen, hatte sich Kevins Freund an die Seite des Spielfeldes gestellt und grinste komisch.

„Tjaaa ... also, dann bin ich jetzt wohl dran, nicht wahr?", fragte Kevin gedehnt. Er nahm seinen Wurfzapfen und schlenkerte ihn hin und her, als hätte er alle Zeit der Welt. Dann warf er ungefähr in die Richtung des Turms, und der fiel um.

„Hä? Wie ist das möglich?" Paul schüttelte den Kopf und wollte sich das näher anschauen. „Du hast doch nicht mal getroffen."

„Gewonnen ist gewonnen, Schnucki!", spottete Maya.

Als Paul die Mitte des Spielfeldes erreichte, sah er gerade, wie ein dünnes, langes Etwas davonrutschte. „Hey! Du hast betrogen!"

„Was ist los, Kumpel?", fragte Kevin nach. „Kannste nicht verlieren?"

Kevins Freund, der noch immer am Spielfeldrand stand, sagte: „Der kleine Kerl hier meint, ich hätte irgendwas gemacht."

„Klein?" Sofort fühlte sich Paul wieder in die Tage der alten Schlangenkopfbande zurückversetzt.

„Kannst du mir das hier erklären?", forschte Samuel nach, der gerade den dünnen Zweig zwischen den Füßen von Kevins Freund herauszog.

„Äh, das? Ja, also ..."

„Das ist Betrug!" Sarah stampfte mit dem Fuß auf.

„Und was willst du jetzt machen, hm?"

„Ich weiß genau, was ich machen werde." Sarah hob einen Tannenzapfen auf und warf ihn dem Jungen ins Gesicht.

Verärgert ballte der die Fäuste und holte aus.

Samuel kam gerade noch rechtzeitig dazwischen: „Willst du etwa Mädels verhauen?"

„Oh nein!", murmelte Paul. „Nicht schon wieder."

Doch im nächsten Augenblick überrannten Kevins Bandenfreunde Dominik, der mit voller Wucht gegen einen Baum krachte.

Samuel hob einen besonders großen Zapfen vom Boden auf und guckte Kevin zornig an.

Der konnte sich offenbar noch gut an die erste Runde des Zapfenwerfens erinnern und entschied sich für die Flucht. Doch weit kam er nicht. Kevin sprang über einen kleinen Felsen und verschwand dahinter. Plötzlich hörte man ihn um Hilfe rufen.

„Hey, alle mal stopp!", schrie Paul.

„Hilfe! Helft mir!", rief Kevin.

„Soll er sich doch selber helfen", sagte einer seiner Freunde und verschwand.

„Genau!", bestätigten die anderen. „Er sagt auch immer, dass sich jeder selbst der Nächste ist. Los, kommt! Wir hauen ab!"

Mir nichts, dir nichts rannten die verbliebenen *Black Eagles* davon und ließen ihren Anführer im Stich.

„Wir müssen ihm helfen", erklärte Paul.

„Echt jetzt?" Dominik machte große Augen. „Du hast doch selbst erlebt, wie er mit uns umgegangen ist. Jetzt hat er die Quittung dafür bekommen."

„Nein." Paul schüttelte den Kopf. „Wir sind nicht so wie er. Seit dem Umzug nach Villstein haben wir so viele krasse Sachen mit Gott erlebt, dass ich ständig darüber nachdenken muss, ob wir nicht langsam mal dran sind, was zu tun."

„Was meinst du?"

„Ich bin nicht sicher. Aber ich glaube, das ist es, was Jesus meint, wenn er uns auffordert, in seine Fußstapfen zu treten. Wir müssen über Kevins miese Art hinwegsehen und ihm helfen."

Dominik verschränkte die Arme und setzte ein griesgrämiges Gesicht auf.

Paul legte nach: „Hast du schon vergessen, wessen Nachfolger du geworden bist?"

„Ich ... nein." Betroffen senkte Dominik den Kopf und trabte den anderen hinterher, die schon unterwegs zur Unfallstelle waren.

„Da unten ist er. Sieht aus, als wäre er irgendwo halb eingebrochen", erkannte Samuel. „Warte, ich helfe dir!" Vorsichtig kletterte Samuel einen felsigen Abhang nach unten. Als er Kevin erreicht hatte, schrie der: „Mann, Mann, Mann! Alles nur wegen dir!"

Samuel holte tief Luft. „Soll ich dir nun helfen oder nicht?"

„Blöde Frage! Hol mich endlich hier raus!"

Inzwischen halfen Dominik und Paul dabei, ihren Gegner aus dem Loch zu ziehen. „Meine Güte, ist der schwer."

Geschafft!

Endlich hatte Kevin wieder festen Boden unter den Füßen. Er ging einige Schritte, während die anderen in das dunkle Loch guckten. „Was da unten wohl sein mag? Schaut mal hier, das sind doch gemauerte Steinwände", überlegte Samuel.

„Dann findet's doch raus!", rief Kevin und schubste Samuel und Dominik mit einem harten Stoß hinein.

„Aaahhh!"

„Du gemeiner Kerl!" Sarah war außer sich. „Du gemeiner, undankbarer Kerl!", schrie sie ihm hinterher, während er davonrannte.

Inzwischen erkundigte Paul sich nach seinen Freunden. „Seid ihr verletzt? Leute, sagt was!"

„Ahh", hörte er sie ächzen. „Ich glaube, wir sind noch in einem Stück."

„Hab mir den Knöchel verstaucht", rief Dominik.

„Wir werden Hilfe brauchen, um Dom hier wieder rauszukriegen", stellte Samuel fest.

Paul und Sarah legten sich auf den Boden und krochen vorsichtig an den Rand des Loches. Zentimeter für Zentimeter rutschten sie weiter, um ihre Hände möglichst tief hinunterreichen zu können.

„Uff. Das wird so nichts." Entmutigt richtete Paul sich wieder auf und dachte nach. „Sarah, hast du dein Handy mit? Bei meinem ist der Akku leider leer."

„Jepp!"

„Ruf bitte unsere Eltern an! Wir brauchen Hilfe."

„Moment, der Empfang ist hier schlecht, ich geh mal ein paar Schritte." Es machte knacks, und dann: „Aaahhh!"

„Sarah?" Paul drehte sich um und suchte die Gegend ab. „Hm? Wo ist sie hin?"

„Aua!", hörte Paul auf einmal. Fast wäre er in dasselbe Loch gestürzt wie Sarah. „Sarah? Bist du da unten? Hallo?"

„Alles klar soweit. Also, bis auf den Umstand, dass ich jetzt auch festsitze."

„Warte, ich versuche, dich hochzuziehen." Paul beugte sich über die Öffnung und versuchte, Sarahs Hand zu erreichen.

„Fast ... noch ein ... Stück." Doch da verlor er den Halt. „Oh, oh!" Die Wurzel, an der er sich festgeklammert hatte, riss, und Paul rutschte ab. Mit einem heftigen Aufprall landete er neben Sarah. „Autsch! Ich bin aber auch ein Unglückspilz." Mühsam rappelte er sich wieder auf.

„Ach was", lächelte Sarah im Lichtschein ihres Handys, „so schlimm ist es doch gar nicht."

„Ist es nicht?"

„Wir haben doch uns."

Pauls Puls ging auf einmal schneller. Stotternd murmelte er: „Soll das heißen, dass du ..." Da wurde er plötzlich unterbrochen. Er vernahm ein leises Klopfen.

„Hallo?", hörte er jemanden gedämpft rufen und suchte die Wände ab. „Leuchte mal hierher!", bat er Sarah. „Da ist eine halb eingebrochene Mauer. Ich mach mal etwas weg davon."

„Aah, da seid ihr!", rief ihm auf einmal Samuel entgegen, der mit Dominik auf der anderen Seite der Mauer stand. Gemeinsam schoben sie die Erde beiseite und brachen weitere Steine aus der Mauer, sodass sie hindurchschlüpfen konnten.

„Geht's euch halbwegs gut, Leute?", erkundigte sich Paul bei seinen Freunden.

„Ja, na ja ... den Umständen entsprechend. Aber sagt mal, was macht ihr denn hier unten?", wunderte sich Samuel.

Sarah lachte. „Tja, ich wollte per Handy Hilfe holen, bin ein paar Schritte gegangen und eingebrochen. Paul wollte mir helfen und, na ja, nun ist er auch hier."

„Oh, ich verstehe."

Derweil untersuchte Paul die Wände. „Leute, das scheint eine Art unterirdischer Gang zu sein. Ich frag mich nur, wer so etwas mitten im Wald gebaut haben könnte."

„Vor allem muss dieser Gang schon sehr alt sein. Ich hoffe, hier bricht nicht noch mehr ein", merkte Sarah an.

„Wir könnten versuchen, hier herauszuklettern", murmelte Dominik. „Auch wenn es ziemlich glitschig aussieht."

Der Lichtstrahl von Sarahs Handylampe leuchtete in eine Art flachen Tunnel. „Ich glaube, da drüben geht es noch weiter."

Gemeinsam krochen und humpelten die vier Freunde durch den niedrigen Gang und erreichten einen größeren Raum.

„Wow! Schaut euch das mal an!" Sarah staunte nicht schlecht. „Wenn ich nicht irre, ist das in der Mitte dieses Raums eine mittelalterliche Kochstelle. Hier sind sogar noch Krüge oder zumindest was davon noch übrig ist."

„Einer ist noch ganz", erkannte Dominik. „Da ist ein Symbol drauf. Was soll das bedeuten?"

Paul betrachtete das Symbol ganz genau. „Hm, ich kann mich irren, aber der Stil erinnert mich an ägyptische Hieroglyphen, die ich mal bei meinem Dad gesehen habe. Aber was macht das hier mitten im Wald?"

„Hey, Leute. Kommt mal her! Vielleicht hab ich einen Weg hier heraus gefunden." Samuel räumte einige kaputte Steine beiseite und kletterte durch einen halb verschütteten Durchgang. „Hier geht eine Treppe hoch. Da oben befindet sich eine Öffnung. Könnte der Ausgang sein."

Leider endete die Treppe schon nach wenigen Stufen.

„So ein Mist aber auch!", schimpfte Dominik.

„Dann Plan B", sagte Paul.

„Und der wäre?"

Paul sah nach oben. „Das müssen so an die fünf Meter sein. Wir machen eine Räuberleiter – Samuel und ich unten, dann Dominik und Sarah oben auf."

„Einen Versuch ist es wert", nickte Samuel und positionierte sich neben Paul. Dann kletterte Dominik auf sie und schließlich mühte sich Sarah ab, nach oben zu kommen.

„Und? Klappt es?", erkundigte sich Paul ächzend.

„Leider nein. Ich bin vielleicht einen Meter von der Kante entfernt. Aber warte mal, ich versuch's noch mal mit dem Handy. Mit etwas Glück gibt es hier sogar etwas Empfang ... ja, es klappt. ... Daddy? Boah, bin ich froh, dich zu hören."

Sarah erklärte ihrem Vater die Lage und beschrieb die Gegend, in der sie sich befanden. Etwa eine halbe Stunde später hörten sie Stimmen.

„Sarah? Sarah!", rief jemand.

„Hier unten!", antworteten sie alle vier gleichzeitig.

Kurz darauf erschienen die Köpfe von Sarahs und Pauls Vater am Loch. Mit einem dicken Seil holten sie die Kinder schließlich einen nach dem anderen herauf.

„Danke für die Rettung!" Glücklich und erleichtert umarmten Paul und Sarah ihre Väter.

„Na, so was. Was bringst du uns denn da mit?", wunderte sich Pauls Vater über Dominik, der den Krug umklammerte.

„Markus, da unten ist so etwas wie eine alte Kochstelle. Sagt zumindest Sarah. Dort haben wir diesen Krug mit einem Symbol drauf gefunden. Du bist doch unser Experte in solchen Dingen."

„Na, dann zeig mal her!" Markus untersuchte den Krug sorgfältig. „Interessant. Könnte ägyptischen Ursprungs sein."

Sarahs Vater schüttelte den Kopf: „Hier in Villstein?"

„Hm ..." Pauls Vater überlegte. „Ich bin mir nicht sicher. Angeblich soll es hier früher mal nur so vor Schmugglern und Dieben gewimmelt haben. Villstein war in der Vergangenheit ein wichtiger Handelsplatz, wovon die Ruine des alten Kontors auch heute noch zeugt. Außerdem gibt es eine Menge Höhlen in der Gegend. Gut möglich, dass ihr auf ein altes Diebesnest gestoßen seid." Als er den Krug umdrehte, fiel etwas heraus.

Sarah hob das Objekt auf und betrachtete es. „Was macht ein Kompass da drin? Mit einer Gravur unten dran – erinnert an ein Labyrinth, mit einem Vogelkopf darin. Das wird ja immer merkwürdiger."

„Er ist kaputt", stellte Dominik fest.

„Wieso?"

Dominik zeigte auf das Ziffernblatt des Kompasses. „Schon mal einen Kompass ohne Zeiger gesehen?"

Markus war neugierig geworden und reckte den Hals. „Darf ich mal sehen?“

„Klar, bitte.“

„Hm ...“

„Hm?“

„Hm!“

„Ach Mensch, Paps. Mach’s doch nicht immer so spannend“, klagte Paul grinsend.

„Ich bin mir nicht sicher. Wir sollten ihn zu Hause etwas genauer untersuchen.“

Botschaft aus der Vergangenheit

Kapitel 2

Markus parkte das Auto vor dem Haus. Paul und seine Freunde stiegen aus. Als Paul die Haustür öffnen wollte, stoppte Samuel ihn. „Warte! Wollen wir das einfach so auf sich beruhen lassen?"

„Was meinst du?", fragte Paul irritiert.

Samuel zog die Augenbrauen hoch: „Na, was wohl? Der Angriff der *Black Eagles* auf uns. Die haben uns ohne einen echten Grund angegriffen. Dein Plan der Challenge war eigentlich gut. Nur ..."

„... nur was wir tun sollten, falls sie nicht verlieren könnten, hab ich mir nicht überlegt", ergänzte Paul den Satz seufzend. „War es das, was du mir sagen wolltest?" Mit einer Mischung aus Stolz und Ärger guckte er seinen Freund an.

„Pffff." Samuel hob die Schultern und stöhnte. „Ach, ich weiß doch auch nicht. Eigentlich müssten wir uns jetzt rächen. Immerhin haben wir Kevin den Hintern gerettet. Zum Dank dafür hat er uns in das Loch gestoßen." Samuel ballte die Hände zu Fäusten und knirschte mit den Zähnen. „Wenn ich den erwische, dann ..."

Pauls Vater schien zu ahnen, was jetzt kommen würde, und unterbrach Samuels Wut. „Ich kann euch gut verstehen. Nach allem, was ihr uns berichtet habt, war das Verhalten der *Black Eagles* absolut daneben. Und ich überlege wirklich, ein ernstes Gespräch mit Kevins Eltern zu führen. Allerdings müsst ihr euch jetzt entscheiden: Sinnt ihr weiter auf Rache, oder wollt ihr lieber das Geheimnis eurer Entdeckung lüften?"

Sarah begann zu lächeln. „Das sagst du doch nur, um unsere Abenteuerlust zu entfachen."

Markus trat einen Schritt zurück und schmunzelte: „Und? Klappt es?"

„Also, bei mir auf jeden Fall!", antwortete Dominik. Er schnappte sich den Krug und verschwand im Haus.

„Los, kommt schon, Jungs!", ermutigte Sarah ihre Freunde.

„Aber, ich ...", begann Samuel erneut.

„Weißt du was?", unterbrach Sarah ihn. „Erst kürzlich habe ich einen interessanten Spruch gelesen: *Mein ist die Rache und das Vergelten. Ihr Unglückstag wird kommen.*"

„Wer sollte das denn gesagt haben?", grummelte Samuel. „Wir müssen doch um unser Recht kämpfen."

„Müssen wir nicht", ermahnte Sarah ihn. „Dieser Vers geht nämlich noch weiter. Da heißt es: *Wenn Gott seinem Volk zu Hilfe kommt, wenn er sich über seine Diener erbarmt* und so weiter. Du weißt genau, was das bedeutet."

Samuel senkte den Kopf. Wie ein begossener Pudel stand er nun da. „Ja, sicher", murmelte er. „Wir sollen uns nicht selbst rächen. Es ist Gottes Sache. Hab schon verstanden." Missmutig griff er nach dem Türknauf. Dann holte er tief Luft, und seine Miene hellte sich auf. „Tut mir leid, Leute. Ich krieg mich gleich wieder ein."

„Schon gut, Kumpel", sagte Paul erleichtert und klopfte ihm freundschaftlich auf den Rücken. „Lass uns reingehen!"

Pauls Vater stand noch einen Moment draußen.

Sarah konnte ihm deutlich ansehen, wie er sich freute. „Es ist doch wirklich toll, wie sich unser Paul so gemacht hat, nicht wahr?", meinte sie.

Markus nickte. „Ja, absolut. Ich danke euch. Ihr habt ihm viel dabei geholfen."

Als die beiden das Haus betraten, waren Dominik, Samuel und Paul bereits mit dem Krug und dem Kompass beschäftigt. Sie rätselten, was es damit auf sich haben könnte. Markus holte ein dickes Buch über antike Symbole aus dem Arbeitszimmer, und Paul stellte sein Notebook auf den Couchtisch.

„Also, was haben wir hier?", murmelte Markus und betastete das Symbol auf dem Krug. „Es wirkt wie ein Abdruck, vielleicht ein Stempelabdruck ... hm ..."

„Von einem Siegelstempel vielleicht?", überlegte Paul.

„Hm ... ich glaube eher nicht. Siehst du diese Unregelmäßigkeiten hier am Rand? Ein Siegelstempel zeichnet sich ja gerade durch eine gewisse Sauberkeit aus. Außerdem: Entweder ist dieser Abdruck kaputt oder unvollständig."

Samuel überlegte. „Könnte es nicht sein, dass der Abdruck über die Jahre einfach gelitten hat?"

„Schon möglich."

„Markus, hast du eine Ahnung, was das Symbol darstellen soll?", fragte Dominik neugierig.

Pauls Vater schüttelte langsam den Kopf. „Tut mir leid. Allerdings wüsste ich jemanden, der uns helfen könnte."

„Wer?"

„Clara."

„Die Archivarin?" Paul sprang auf. „Echt jetzt?"

„Ich dachte, ihr hättet eure Differenzen überwunden." Pauls Vater musterte seinen Sohn herausfordernd.

Paul war diese Situation offensichtlich ziemlich unangenehm. Er legte den Kopf zur Seite und murmelte: „Ach, weißt du: Ich dachte mir nur, wir müssen ja nicht gleich alle Hebel in Bewegung setzen und die halbe Welt einladen."

„Nun, sie kennt sich aus mit äg..."

„Nein, das packen wir allein", fiel ihm Paul ins Wort.

„Wie du meinst", antwortete sein Vater sichtlich enttäuscht. „Ich habe gleich eine Telefonkonferenz. Inzwischen könnt ihr euch gern an der Erforschung dieses Geheimnisses ... versuchen." Mit diesen Worten stand er auf und ging in sein Arbeitszimmer.

Auf einmal war es ganz still im Raum. Sarah, Dominik und Samuel starrten Paul an.

„Was?", platzte es aus ihm heraus.

„Ach, nichts." Samuel schüttelte den Kopf, schnappte sich den Computer auf dem Tisch und begann, darauf herumzutippen.

Langsam stand Sarah auf und ging zu Paul. Dann flüsterte sie ihm ins Ohr: „Du bist immer noch nachtragend."

„Bin ich nicht!", erwiderte Paul.

„Bist du doch!"

Da trat Paul einen Schritt zurück und schaute Sarah an. Sie lächelte zuckersüß. Wie damals, als er sie zum ersten Mal vor Samuels Haus gesehen hatte. Sie hatte so eine Art, dass sie wichtige Dinge mit Nachdruck, aber dennoch freundlich vermittelte. Das traf ihn mitten ins Herz. Er musste sich umdrehen. Tief in sich drin wusste er genau, dass Sarah recht hatte.

Da spürte er ihre Hand an seinem Arm. „Schmollst du jetzt etwa?", fragte sie keck.

„Was? Ich? Nein! Wie kommst du denn darauf?"

Sie sahen sich an und mussten beide auf einmal lachen, und Dominik lachte gleich mit. „Na, endlich bist du wieder angekommen."

Die vier Freunde setzten sich zusammen und begannen mit ihren Recherchen. Stundenlang durchforsteten sie das Internet und allerlei Bücher, die Paul herbeischleppte. Sie merkten gar nicht, wie die Zeit verging.

Plötzlich hob Samuel die Hand, und alle verstummten. Dann reckte er die Nase in die Höhe und begann, wie ein Hund zu schnüffeln. „Das riecht doch nach ..."

„Waffeln!", platzte es aus Dominik heraus. Aufgeregt sprang er auf und rannte in die Küche. „Ich wusste es", hörten sie ihn rufen.

„Uhhh", murmelte Sarah und rieb sich den Bauch. „Jetzt merke ich gerade, dass ich doch ziemlich Hunger habe. Wie spät ist es eigentlich?"

„Schon 14:00 Uhr", antwortete Pauls Mutter, die gerade einen großen Berg Waffeln auf den Esszimmertisch stellte. Dann stemmte sie die Hände in die Hüften und lächelte. „Ihr habt so konzentriert gearbeitet, dass ich euch nicht stören wollte. Aber so langsam mache ich mir Sorgen. Deshalb dachte ich mir, für ein paar Waffeln habt ihr bestimmt kurz Zeit."

„Auf alle Fälle!", bestätigte Dominik, leckte sich die Lippen und rief ungeduldig: „Also, wenn ihr noch lange wartet, ist nichts mehr übrig."

Lachend setzten sich die anderen dazu. Pauls Mutter sprach ein kurzes Dankgebet. Kaum hatte sie „Amen" gesagt, hatte sich Dominik schon zwei Waffeln in den Mund gestopft.

„Aber hallo!", entrüstete Samuel sich.

„Pfundigng", versuchte Dominik sich mit vollem Mund zu entschuldigen und kaute genüsslich weiter.

Ein paar Minuten später kam Pauls Vater dazu. Er stellte seine große Kaffeetasse auf einen freien Platz und fragte lachend: „Na? Habt ihr noch eine für mich übrig? Ihr seid ja ziemlich fleißig gewesen." Dann schielte er ins Wohnzimmer und fügte grinsend an: „Meine Bibliothek habt ihr jedenfalls gefunden ... und geplündert."

„Tja, nun", stöhnte Paul etwas verdrießlich, „ehrlich gesagt gestaltet sich das alles schwieriger, als ich dachte."

„Ja, das stimmt", bestätigte Sarah. „War richtig anstrengend. Ich hab das Gefühl, mein Kopf schwirrt schon vor lauter Symbolen. Am Ende glauben wir nun, dass sich die Symbole auf dem Krug irgendwo bei den ägyptischen Schriftzeichen einordnen lassen."

Samuel nickte. „Ich hatte keine Ahnung, wie viele verschiedene Dialekte – nennt man das so? – sich selbst in den Symbolschriften wiederfinden."

Dominik strich sich über den Bauch. „Ehrlich gesagt, ich hab nach dem Vormittag noch weniger Ahnung von Hieroglyphen als vorher. Aber mit einer Sache kenne ich mich definitiv aus: Marias Waffeln – die sind einfach spitze!"

„Das glauben wir dir aufs Wort", stimmte Samuel zu und zeigte auf Dominiks Bauch. Dabei mussten alle kräftig lachen.

Langsam erhob sich Paul und ging auf seinen Vater zu. „Ich sag's ungern, aber wir stecken fest. Allein schaffen wir das nicht."

Fast ein bisschen oberlehrerhaft antwortete sein Vater: „Tja, und was lernen wir daraus?"

„Ganz klar das alte Männerproblem", antwortete Sarah frech grinsend.

„Männerproblem?" Paul und Samuel zogen die Augenbrauen hoch.

Da kam gerade Pauls Mutter herein. Lachend meinte sie: „Hilfe annehmen! Na, seid ihr alle satt geworden? Braucht ihr noch etwas?"

„Nein, danke!" Dominik klopfte sich behutsam auf den Bauch. „Wenn ich noch mehr esse, platze ich."

In diesem Augenblick brachte Lisa, Pauls kleine Schwester, einen leeren Teller in die Küche. „Vielen Dank, Mami. Ich soll dir ausrichten, dass die Waffeln superlecker waren. Meine Freundinnen kommen bestimmt bald wieder."

„Freut mich zu hören, Lisa. Habt ihr oben alles, was ihr braucht?"

„Jepp." Dann wandte sie sich Dominik zu, stemmte die Hände in die Hüfte und setzte ein strenges Gesicht auf. „Mein lieber Dominik", begann sie mit ihrer kindlich-frechen Stimme. „Du solltest wirklich mal darüber nachdenken, ob du immer so viel essen musst. Es gibt Menschen auf der Welt, die nicht so viel haben. Und außerdem kenne ich da so einen schönen Spruch."

„Ach was!?"

„Maßlosigkeit ist der Anfang vom Ende des Wohlergehens." Mit diesen Worten ließ sie ihn verdutzt zurück und ging wieder in ihr Zimmer.

Auf einmal begann Paul grunzend zu lachen.

„Hey, Kumpel. Was gibt's da zu lachen, wenn deine kleine Schwester mich rund macht?", beschwerte sich Dominik und verschränkte eingeschnappt die Arme.

„Rund machen kann sie dich gar nicht mehr“, lachte Samuel. „Das machen die ganzen Waffeln schon!“

Paul schmunzelte. „Glaub mir, Dom, du bist nicht der Erste, den sie mit ihren Weisheiten beglückt.“

Doch dann hob Sarah den Finger: „Aber wo sie recht hat, hat sie recht. Du futterst zu viel.“

„Mal zurück zum eigentlichen Thema“, warf Samuel ein. „Markus, wenn ich mich recht erinnere, wolltest du uns heute Vormittag etwas über Clara erzählen.“

„Ja, das ist richtig.“ Markus leerte seine Tasse und stellte sie nachdenklich auf dem Tisch ab. „Wisst ihr, unsere liebe Frau Clara Goldstein Zyper-Mayer war vor ihrer Arbeit als Archivarin Ägyptologin. Nun, das ist sie natürlich auch jetzt noch, obgleich sie nicht mehr aktiv ist. Allerdings weiß sie besser über die Entwicklung der antiken Schriften Bescheid als ich. Zwar kann ich vieles davon entziffern, aber bei den Symbolen hier ... bin ich mir unsicher.“

Samuel warf Paul einen Blick zu und murmelte genervt: „Wenn Eure Hoheit erlauben, würde ich die Archivarin gern einladen.“

„Bitte, tu das!“, meinte Paul nickend.

Eine halbe Stunde später klingelte es an der Tür.

„Das muss sie sein. Ich mach auf!“, sagte Paul und ging zur Tür. Doch da war keine Archivarin.

„Guten Tag! Ich habe eine Expresslieferung für Herrn Markus Steinbach“, sagte ein Mann.

„Einen Moment, bitte.“ Irritiert ging Paul zu den anderen zurück. „Es ist für dich, Paps. Da steht ein gepanzerter Lieferwagen vor dem Haus. Irgendwas mit Security.“

„Was? Ein Panzer?“, rief Dominik erstaunt aus und rannte zum Fenster.

„Kein Panzer, ein ... ach, egal.“

„Okay, ich komme!“, sagte Pauls Vater und öffnete die Tür. Er musste seinen Ausweis vorzeigen und etwas unterschreiben.

Daraufhin erhielt er ein kleines Päckchen. Verwundert ging er ins Arbeitszimmer und stellte das Päckchen auf dem Schreibtisch ab. Dann setzte er sich hin und starrte es an.

Neugierig kamen Paul und seine Freunde dazu und fragten: „Und? Von wem ist es?"

„Ihr werdet es nicht glauben. Es ist von ... Horus."

„Nie gehört." Dominik schüttelte den Kopf.

„Sekunde, davon hab ich mal was gelesen", überlegte Sarah. „Die alten Ägypter hatten doch verschiedene Götter. War da nicht auch ein Horus dabei? Mit einem Vogelkopf, wenn ich nicht irre."

Markus nickte. „Ganz richtig. Genauer gesagt, ein Falkenkopf. Deshalb auch manchmal als Falkengott bezeichnet."

Sarah schüttelte heftig den Kopf. „So ein Blödsinn. Es gibt keine ägyptischen Götter. Die sind doch alle nur von Menschen erfunden worden. Deshalb kann dir dieser Horus auch keine Post schicken."

Markus kratzte sich am Bart. „Das stimmt natürlich. Aber irgendjemand wollte genau diesen Eindruck vermitteln. Seht ihr dieses Symbol hier oben? Da befindet sich doch normalerweise der Absender. Aber hier wurde ein Symbol gezeichnet, ein ägyptisches."

„Das ist das Horusauge", vermutete Sarah. „Richtig?"

Markus nickte und murmelte: „Nur komisch, dass ..."

„Willst du nicht reinschauen?", fragte Samuel ungeduldig.

Dominik legte sein Ohr an das Päckchen. „Also, ticken tut's schon mal nicht. Dann ist es wohl keine Bombe."

„Scherzkeks." Samuel winkte ab. „Wieso muss eine Bombe immer ticken? Und viel wichtiger – wer sollte Markus eine Bombe schicken?"

„Hoffentlich niemand." Markus atmete einmal tief durch und begann, das Papier vom Päckchen zu entfernen. Nun stand eine ganz normale Pappschachtel vor ihnen. Vorsichtig schnitt er die Klebestreifen durch und öffnete sie. Zum Vorschein kam eine dicke Luftpolsterfolie, in die offenbar eine kleine Papphülse eingewickelt war.

„Meine Güte. Da hat es aber jemand gut gemeint", stöhnte Dominik.

Behutsam rollte Markus die Folie auseinander. Dann öffnete er die Papphülse und zog eine alte, gezeichnete Landkarte heraus. „Eine Karte. Spontan wüsste ich nicht, was sie darstellt."

„Hier liegt noch ein Brief drin", bemerkte Sarah.

„Oh, zeig mal her!", bat Markus und las ihn still durch.

„Was steht drin?", wollte Dominik wissen.

„Merkwürdig", murmelte Markus geistesabwesend.

Paul stöhnte. „Nun mach's doch nicht so spannend, Paps."

Markus sah seinen Sohn an ... doch es schien, als blickte er durch ihn hindurch. So, als wäre er mit seinen Gedanken ganz woanders.

„Paps?"

„Äh, ja. Entschuldige. Ich ... das ist ... kann das denn sein?"

Alle Augen waren nun auf ihn gerichtet.

„Ich weiß nicht, wie ich das erklären soll. Es ist ..."

Doch da klingelte es wieder an der Tür.

„Och, menno", jammerte Paul. „Ich geh schon."

Es war die Archivarin.

„Hallo, Kinder! Grüß dich, Markus." Dann runzelte sie die Stirn und fragte: „Alles in Ordnung mit dir? Du siehst so blass aus."

„So sieht er aus, seit er den Brief eines nicht existierenden Gottes bekommen hat", erklärte Dominik trocken.

Fragend blickte Clara Markus an, der noch immer Mühe hatte, die Fassung wiederzuerlangen.

„Puhh ... du hast bestimmt schon mal was von Horus gehört", begann Markus.

„Natürlich. In meinen jungen Jahren als Ägyptologin habe ich an Ausgrabungen in Ägypten teilgenommen. Damals entdeckte ich eine bunt bemalte Keramik in Form eines Falken.

Vermutlich ein Bildnis des Falkengottes Horus. Eine ganze große Nummer in der antiken ägyptischen Götterwelt."

„Und dieser Kerl hat Markus Post geschickt", sagte Sarah.

„Unsinn! Ihr wollt mich auf den Arm nehmen." Die Archivarin schüttelte den Kopf. „Horus ist nur ein Mythos – wie alle ägyptischen Götter. Das sollte euch klar sein."

„Und wieso befindet sich dann sein Auge als Absender auf dem Päckchen?", hakte Dominik nach.

Die Archivarin betrachtete das Packpapier mit dem Symbol genauer und runzelte die Stirn. „Also, streng genommen ist das kein richtiges Horusauge."

„Ich hab mich schon gewundert." Jetzt war Markus wieder aus seiner Schockstarre erwacht.

„Nun ja. Zumindest nicht so ganz. Man kann es übersehen, wenn man nichts damit anfangen kann. Schau dir mal den unteren Bogen genau an."

Mit einer großen Lupe untersuchte Markus das Symbol genauer. „Eigenartig. Ich sehe Zacken, könnte auch eine Form sein. Es erinnert schemenhaft an etwas. Nur woran?"

„Darf ich mal?", bat Clara. „Hm ... das könnte ein Hinweis auf einen ... Tempel sein. Die Zacken erinnern ein wenig an die Umrisse des Horustempels von Edfu. Das ist ein ägyptischer Tempel aus der Zeit der Ptolemäer – ziemlich gut erhalten."

„Bist du sicher?", fragte Markus nach.

„Nein. Ich gestehe, das ist ein bisschen weit hergeholt."

„Das ist noch nicht alles." Samuel stand auf und holte den antiken Krug. „Da, schau dir das an, Clara. Diesen Krug haben wir im Wald gefunden, in einer Art Wohnhöhle. Er trägt ein ägyptisches Symbol, jedenfalls denken wir das. Wir konnten nur seine Bedeutung nicht herausfinden."

„Das ist auch kein Wunder", erwiderte die Archivarin, während sie den Krug genauer untersuchte. „Das ist wahrscheinlich nur ein Teil einer Symbolgruppe."

„Nur ein Teil?"

Langsam ließ sie ihren Finger über die Gravur des Kruges gleiten und nahm die Lupe. „Ja, ich erkenne hier einen gekreuzten Kreis, eine Art Hand, hier einen Halbkreis, das Symbol für die aufgehende Sonne und einen schmalen Strich über der Hand. Ich vermute, hier fehlt noch der fünfte Teil – ein Falke."

„Noch ein Falke?"

„Wenn man diese fünf Symbole zu einem Ganzen zusammensetzt, ergibt das den Namen Hor-Behdeti, eine Bezeichnung für Horus, den Falkengott. Es bedeutet so viel wie Horus des südlichen Edfu."

Markus lehnte sich zurück und rieb sich die Augen. Doch dann richtete er sich ruckartig auf und sagte leise: „Moment mal, mir fällt gerade etwas ein. Wenn das bedeutet ... ja, das würde Sinn ergeben. Wartet, wo hab ich es ...?" Ganz aufgeregt wühlte er auf seinem Schreibtisch herum. „Da ist es. Ihr erinnert euch sicher noch an das Buch der Wahrheit. Damals hatte ich vermutet, dass wir darin weitere Hinweise auf die anderen Testamente finden würden. Und das stimmt auch. Vor etwa einer Woche bin ich in diesem Buch auf einen Ausspruch gestoßen: Weisheit, verborgen im Sand ..."

„Moment mal", unterbrach Samuel ihn. „Hatte Professor Cardiff nicht etwas ganz Ähnliches erwähnt? Wollte er nicht sogar unsere Hilfe?"

Paul nickte. „Du hast recht. Das hatte ich völlig vergessen, weil er sich nicht mehr gemeldet hat. Welche Weisheit und welchen Sand meinte er nur?"

Markus fuhr fort: „Wenn ihr mich ausreden lasst, wird es klarer. Der Satz, den ich im Buch der Wahrheit gefunden habe, lautet vollständig: ‚Weisheit, verborgen im Sand der Pharaonen.'"

„Und die Pharaonen lebten in Ägypten", erklärte Dominik ganz stolz. „Das weiß sogar ich."

Markus überlegte. „Demnach haben wir zwei Hinweise auf Ägypten. Mindestens einer davon könnte mit dem fünften

Testament in Verbindung stehen, weil er sich im Buch der Wahrheit befindet."

Sarah verschränkte die Arme und sah Markus ernst an: „Und was steht nun in diesem ominösen Brief?"

„Ja, das würde mich auch mal interessieren, Paps. Immerhin bist du vorhin kreidebleich geworden."

Markus ging einige Schritte auf und ab. Dann nahm er den Brief zur Hand, holte tief Luft und begann ihn vorzulesen:

„An meinen geschätzten Kollegen Markus Steinbach in Villstein. Sie kennen mich nicht. Bedauerlicherweise werden wir uns auch niemals kennenlernen. Ich hatte mir fest vorgenommen, Sie einmal zu besuchen. Doch wenn Sie diese Zeilen lesen, bin ich wahrscheinlich bereits tot."

Markus machte eine Pause.

„Auweia", hauchte Sarah erschüttert.

Dann fuhr Markus fort:

„Mein Name ist Dr. Gabriel Algado Salvini. Ich gehöre einem kleinen Kreis von Experten an, die sich in Brasilien mit der Frage beschäftigen, ob die Bibel wahr und historisch zu begründen ist. Nach über zehn Jahren Forschungsarbeit können wir nun mit Fug und Recht behaupten, dass die Bibel unmöglich das Werk von Menschen sein kann. Zu viele historische und archäologische Erkenntnisse beglaubigen die Wahrheit des Wortes Gottes – und zwar über die vielfältigen Glaubenswahrheiten hinaus. Mit großem Interesse haben wir Ihre Nachforschungen und die Erfolge des Teams rund um Ihren Sohn verfolgt. Gemeinsam haben Sie geschafft, was keiner zuvor konnte: das Buch der Wahrheit und damit den Schlüssel zur Legende der sieben Testamente zu finden. Mit Professor Jeremiah Cardiff arbeiten wir nun schon seit einiger Zeit zusammen. Er weiß bereits viel über unsere Ergebnisse. Sie sollten ihn unbedingt kontaktieren. Der Anlass meines Schreibens ist leider ein sehr schlimmer. Ich war in Ägypten auf der Spur eines alten Archivars, er nannte sich ‚der Falke'. Alles, was ich herausfinden konnte, war, dass er als Wächter über einen wahrlich wertvollen Schatz eingesetzt worden war. Es soll sich um

ein altes Vermächtnis des Volkes Israel handeln – einen zwölffarbigen Edelstein."

„Was? Zwölffarbig?", platzte Dominik dazwischen.

„Pssst!", zischten seine Freunde.

Markus las weiter: *„Genau genommen wurde er aus zwölf verschiedenen farbigen Edelsteinen zusammengesetzt, die den zwölf Stämmen Israels entsprechen. Das Einzigartige an diesen Edelsteinen soll eine besondere Gravur sein – und zwar vom ursprünglichen Hersteller des Brustschilds Aarons, auf dem diese Edelsteine angebracht waren."*

„Meine Güte!", hauchte Clara. „Das wäre wahrlich ein Sensationsfund."

Markus las weiter: *„Nicht nur, dass diese Edelsteinkombination einmalig auf der Welt wäre und von unschätzbarem Wert sein dürfte. Dieser Brustschild wäre auch ein uraltes Zeugnis der Anfänge des israelitischen Priestertums und damit seiner Geschichte. Das Problem ist allerdings, dass ich nicht weiß, wo der Brustschild geblieben ist. Die Edelsteine sind jedoch entnommen worden. Professor Cardiff fand heraus, dass der Brustschild einst gestohlen wurde und die Edelsteine herausgelöst wurden. Der Falke hat sich jahrelang bemüht, diese seltenen Kostbarkeiten wieder zusammenzusuchen. Die Edelsteine fand er wohl, nur den Schild nicht. Ich habe jedoch Grund zu der Annahme, dass der komplette Brustschild sogar für das letzte – das siebte – Testament von Bedeutung ist. Das legen Nachforschungen in Brasilien nahe. Professor Cardiff kann Ihnen mehr darüber sagen. Dummerweise ist mir eine Bande von Verbrechern auf den Fersen, während ich hier in Ägypten unterwegs bin. Sie wollen diesen Edelstein auch unbedingt finden. Aber vermutlich aus niederen Beweggründen. Sie wollen ihn bestimmt nur zu Geld machen. Herr Steinbach, Sie und Ihr Team müssen diesen Edelstein finden, bevor es zu spät ist. Wenn Sie Ihre Reise beginnen, werfen Sie ein Auge auf den Sand. Suchen Sie nach dem Siegel des Falken."*

„Na, ist doch logisch!", meldete sich Samuel siegessicher zu Wort. „Auge – Sand – alles klar? Er weist auf das Horusauge des Briefes hin. Das ergibt eigentlich keinen Sinn, außer man erkennt die Umrisse eines Tempels, im Sand Ägyptens."

Paul ging einige Schritte auf und ab, verschränkte die Arme und kratzte sich am Kinn. „Ein halbes ägyptisches Symbol auf einem alten Krug, ein kaputter Kompass. Post aus Ägypten von einem mysteriösen Mann, der sich offenbar ziemlich gut mit der Legende der sieben Testamente und unseren Erfolgen auskennt. Hinweise auf den Horustempel von Edfu. Und schließlich gibt uns das Buch der Wahrheit einen Hinweis auf das fünfte Testament – im Land der Pharaonen. Leute, wir müssen nach Ägypten."

Voller Tatendrang nickten seine Freunde.

Samuel sprach aus, was alle dachten: „Wir müssen dieses Siegel des Falken finden – das fünfte Testament."

„Und damit den Schlüssel zum letzten, dem *siebten* Testament", ergänzte Pauls Vater.

Markus Steinbach
Am Seeblick 7
82431 Villstein
Germany

In offizieller Mission

Kapitel 3

Am nächsten Tag schickte Paul eine Nachricht an seine Freunde und bat sie um ein Treffen. Sie verabredeten sich in ihrem Hauptquartier, der Alten Lady.

„Hey Leute!", begrüßte Paul Sarah und Samuel, die gerade ihre Fahrräder neben der alten Dampflokomotive abstellten. „Dom kommt auch gleich. Er hat mir geschrieben, dass er noch Hausarbeiten machen musste."

„Der Ärmste", lachte Sarah.

Samuel winkte ab. „Ach was. Ihr habt ja keine Ahnung. Ich muss bestimmt zehnmal mehr auf unserem Hof machen."

„Ja, das stimmt wohl", seufzte Sarah. „Tut mir leid. Ich wollte dich damit nicht ärgern."

„Was soll's."

„Wie wäre es", begann Paul laut zu denken, „wenn wir dir einmal pro Woche helfen würden? Das könnten wir immer gleich mit einem Teamtreff verbinden. Was meinst du, Sam?"

„Hm." Samuel rieb sich am Kinn und begann zu lächeln. „Eigentlich gar keine schlechte Idee."

Inzwischen war Sarah im hinteren Teil der Lokomotive verschwunden. Von drinnen rief sie: „Also, ich muss schon sagen, seitdem wir dieses coole Dach auf den Schlepptender der Dampflok gebaut, die Holzverkleidung angebracht und das Sofa hier reingequetscht haben, ist es fast wohnlich geworden. Noch ein bisschen dekorieren, und es wird richtig gemütlich."

„Und es ist sogar wasserdicht", ergänzte Dominik, der gerade von der anderen Seite hochgeklettert kam. „Hi!"

„Ah, da bist du ja", freute sich Paul und hielt seine Hand hin, damit Dominik einklatschen konnte.

Nachdenklich betrachtete Sarah die Innenwände. „Hm, ja. Ich glaube, hier müsste das gehen."

„Was hast du vor?", erkundigte sich Samuel.

Sarah kramte in ihrem Rucksack und holte eine Packung Pinnadeln und einen ganzen Haufen Bilder heraus. „Weißt du, mir ist das noch nicht gemütlich genug. Ich finde, dieser Raum braucht etwas mehr ... Persönlichkeit."

„Ah ja", gluckste er.

„Du erinnerst dich bestimmt an letztes Weihnachten." Sie nahm den Stapel Bilder in die Hand und begann, sie zu sortieren. „Wir haben viele Menschen besucht und ihnen große Freude bereitet, als wir ihnen von unseren Abenteuern erzählt haben."

Paul hob die Hand. „Ich glaube, ich weiß, was Sarah vorhat." Er wandte sich an sie und sagte: „Du willst sicher deine selbstgezeichneten Bilder, die unsere Abenteuer zeigen, an der Holzwand anbringen."

Sarah nickte. „Genau. So können wir uns immer daran erinnern, was wir alles schon miteinander erlebt haben."

„Super Idee", bestätigte Samuel und half ihr, die Pins in die Holzverkleidung zu stecken.

Dominik machte es sich auf den dicken Sitzkissen bequem und guckte den anderen beim Aufhängen der vielen Bilder zu. „Sieht klasse aus. Wenn ihr so weitermacht, weiß ich nicht mehr, ob ich mein Zimmer lieber hier oder zu Hause haben will."

Sarah lachte. „Ach, weißt du, wenn du mal Tipps für deine Inneneinrichtung brauchst – frag mich einfach. Ich dekoriere dein Zimmer in fünf Minuten komplett um."

„Oha", grinste Paul. „Hoffentlich bleibt mein Zimmer verschont."

Samuel und Dominik lachten grunzend.

Sarah verschränkte eingeschnappt die Arme und machte einen Schmollmund. „Ihr habt ja bloß keine Ahnung."

Doch Paul ging lächelnd auf sie zu und knuddelte sie herzlich. „Hey, war doch nur Spaß."

Auf einmal begann Sarah übers ganze Gesicht zu strahlen und grinste von einem Ohr zum anderen. „Weiß ich doch!"

„Also, wenn ihr dann fertig seid", unterbrach Samuel sie, „du hast uns um ein Treffen gebeten, Paul. Worum geht's denn überhaupt?"

Paul setzte ein ernstes Gesicht auf. „Nun ja, wir müssen uns was überlegen. Ich glaube nicht, dass wir den Professor schon wieder um eine Forschungsreise bitten können."

„Forschungsreise?" Dominik hob die Augenbrauen.

„Ägypten?" Paul schüttelte verständnislos den Kopf. „Das fünfte Testament – die zwölf Edelsteine von Aarons Brustschild? Schon vergessen?"

„Oh, ach so."

„Ja, das ist in der Tat ein Problem", bestätigte Samuel nachdenklich. „Hin- und Rückflug, Reisekosten vor Ort, Verpflegung und Unterkunft. Alles nicht ganz billig. Noch dazu kennen wir uns dort überhaupt nicht aus."

Sarah setzte eine süß-saure Miene auf und stupste Paul an. „Hast du deinen Vater schon mal gefragt?"

„Äh, nein. Wieso?"

„Ist das dein Ernst?" Sarah verdrehte die Augen und schüttelte den Kopf. „Wenn ich mich recht entsinne, ist die Suche nach den sieben Testamenten vor allem die Lebensaufgabe deines Vaters – nicht unsere."

„Aber *wir* sind doch das berühmte Entdeckerteam", rief Dominik stolz aus und schlug sich auf die geschwellte Brust.

Samuel legte grinsend den Kopf zur Seite. „Ja, schon. Aber du glaubst doch nicht allen Ernstes, dass er uns allein nach Ägypten reisen lässt, oder?"

„Hm, vermutlich nicht."

„Davon abgesehen darfst du eines nicht vergessen – wir sind nur eine Handvoll Kids. Wir können unmöglich allein losziehen", dann machte er eine bedeutsame Pause, „und die Welt retten."

In diesem Augenblick klingelte Pauls Handy. „Es ist mein ... Dad." Ungläubig schaute er seine Freunde an und nahm das Gespräch an. Als er fertig war, starrte er nur auf sein Handy und schüttelte langsam den Kopf.

„Und?", forschte Sarah neugierig nach. „Was hat er gesagt?"

„Wer?"

„Na, dein Vater!"

„Ihr ... werdet es nicht glauben."

„Versuch's!"

„Ja, also ... er hat mit Markós gesprochen. Ihr wisst schon, der letzte der Archivare, den wir auf Zypern kennengelernt haben."

„Wie sollte ich ihn vergessen?", meinte Samuel und begann zu schwärmen. „Seine Gulfstream ..."

„Genau!", unterbrach Paul und schaute ihn an. „Markós stellt uns sein Flugzeug zur Verfügung."

„Ist nicht wahr!?"

Paul räusperte sich. „Doch! Mein Vater hat etwas von einer offiziellen Mission der Archivare erzählt ..."

„Krass!", platzte es aus Dominik heraus. „Wir sollen ganz offiziell unterwegs sein?"

Samuel schnappte sich seine Jacke und fragte: „Okay, wann geht's los?"

Paul hatte sich wieder gefangen und antwortete: „Gleich morgen früh. Der Flieger ist schon unterwegs."

„Bloß gut, dass wir gerade Ferien haben", merkte Sarah an.

Dominik und Samuel sprangen auf ihre Fahrräder. „Dann bis morgen. Wir müssen packen." Und schon radelten sie davon.

Paul blickte ihnen etwas irritiert nach, während Sarah ihn musterte. „Ich fass' es nicht", murmelte er.

„Glaub's einfach!", sagte Sarah leise und legte ihm die Hand auf die Schulter. „Du wirst akzeptieren müssen, dass es noch andere Menschen gibt, die organisieren können. Auch wenn du das immer ganz cool machst."

Als Paul sie anschaute, entdeckte er wieder dieses tiefgründige Lächeln in ihren Augen. Hinter ihrer Fröhlichkeit verbarg sich Ernst. Sie meinte, was sie sagte. „Warum denkst du, dass ich ein Problem damit haben sollte?"

Sarah stieg von der Lokomotive herab und holte ihr Fahrrad. Dann drehte sie sich um und fragte keck: „Willst du etwa nicht unser Teamchef werden?"

„Was? Wie ... kommst du denn darauf?" Pauls Kopf wurde rot, denn er fühlte sich ertappt. Um abzulenken, sprang er in einem großen Satz nach unten und bestieg sein Rad.

„Ach, weißt du", sagte Sarah lächelnd, „man muss wirklich kein Experte sein, um zu merken, dass du schon lange versuchst, uns zu einem richtigen Team zu machen. Du kümmerst dich um uns, fragst nach, wie es uns geht, bietest Hilfe an, organisierst Teamtreffen. Soll ich weitermachen?"

Paul grinste. „Ich denke ... wir müssen los."

„Auf jeden Fall, Chef", lachte Sarah und fuhr ihm davon.

„Hey, warte auf mich!", rief ein verdutzter Paul und trat in die Pedale.

Es war noch ganz dunkel draußen, als Paul am nächsten Morgen unter seiner Bettdecke hervorkroch. Müde fingerte er nach seinem Wecker.

„Uh, erst 5 Uhr?", murmelte er. „So ein Mist." Die nächsten dreißig Minuten lief er in seinem Zimmer auf und ab.

Da klopfte seine Mutter leise, öffnete die Tür einen Spalt und flüsterte: „Paul? Alles klar bei dir?"

„Ich kann einfach nicht mehr schlafen."

Seine Mutter kam herein und umarmte ihren Sohn. „Dachte ich mir fast. Du tigerst ja schon seit mindestens einer halben Stunde herum. Das muss die Aufregung sein."

„Weiß auch nicht."

„Paul, was hältst du davon, wenn wir beide Frühstück machen?"

„Okay, ich zieh mich eben schnell an."

Kurz darauf erschien er in der Küche und sah seine Mutter im flatternden Morgenmantel herumflitzen. „Eier, Mehl?" Fragend guckte er seine Mutter an. „Das ist alles fürs Frühstück?"

„Ihr habt doch eine lange Reise vor euch. Ohne Waffeln kommt ihr doch nicht klar", lachte sie.

„Oh, ja ... das ist ein Argument."

Als später alle beim Frühstück zusammensaßen, gab es viel zu erzählen, obwohl die Reise noch vor ihnen lag.

„Aber eine Sache beschäftigt mich trotzdem", murmelte Paul und kaute nachdenklich auf seinem Brötchen herum.

Sein Vater nahm einen Schluck Kaffee. „Worum geht's?"

„Na ja, gestern habe ich mit meinen Freunden zusammengesessen. Wir haben überlegt, wie wir diese Forschungsreise am besten umsetzen könnten. Dann hast du angerufen und gesagt, dass Markós uns mit seinem Flugzeug unterstützt."

„War das verkehrt?"

Paul rutschte auf seinem Stuhl hin und her.

„Paul, ich verstehe gerade nicht ganz, worauf du hinauswillst."

„Jetzt denken meine Freunde bestimmt, dass mein Papa alles macht und ..."

„Halt! Stopp!", sagte sein Vater und hob die Hand. „Das ist doch Quatsch, und das weißt du auch selbst. Was ist der wahre Grund für dein Unbehagen?

Paul druckste herum. „Die Kosten."

Pauls Vater runzelte die Stirn. „Du machst dir Sorgen wegen des Geldes? Interessant. Das ist ... ehrlich gesagt sogar ziemlich beeindruckend. Ich bin fast ein bisschen stolz auf dich."

„Ach, echt? Wieso?"

„Nun, wir sprechen ja von einer Forschungsreise und nicht von einer durchgeplanten Urlaubstour. So etwas ist tatsächlich kaum planbar. Bei so einer Reise – oder besser gesagt: so einem Abenteuer – weiß man nie so genau, was alles auf einen zukommt. Nicht nur in finanzieller Hinsicht. Das haben wir ja inzwischen vielfach erlebt. Ich finde es bemerkenswert, dass du dir so viele Gedanken darum machst. Das ist gut und wichtig. Vielen Menschen bleiben solche Aspekte verborgen. Sie nehmen die Dinge einfach so hin und wundern sich, wenn sich Leute wie du mehr den Kopf machen. Das ist übrigens auch eine praktische Eigenschaft für einen Teamführer."

„Oh Mann! Jetzt fang du nicht auch noch damit an!", murmelte Paul und schien sich ein wenig zu schämen.

Doch sein Vater lachte und sagte: „Sag bloß, es gibt auch andere Menschen in deinem Umfeld, die deine Ambitionen bemerken?"

„Ich hab keine ... Ambitionen. So ein Quatsch." Paul schüttelte vehement den Kopf.

Sein Vater betrachtete ihn eine Minute lang und sagte dann leise: „Nun, vielleicht bist du wirklich noch nicht bereit. Allerdings glaube ich, dass das wahre Problem woanders liegt."

Paul guckte ihn mit großen Augen an.

„Du kannst ganz schlecht Hilfe annehmen."

Sofort verdrehte Paul die Augen. „Pfff."

Doch sein Vater gab nicht nach. „Sei bitte ehrlich! Du hast versucht, die Sache allein in die Hand zu nehmen. Erst gestern, als du die Archivarin außen vor lassen wolltest, und dann habt ihr allein überlegt, wie ihr die Reise organisieren könntet. Lass mich raten, wer euer Teamtreffen vereinbart hat."

„Natürlich mein Bruder", antwortete Pauls kleine Schwester mit vollem Mund.

„Lisa!" Paul wollte sich gerade beschweren, doch sein Vater ließ ihn nicht.

„Nein, nein. Sie hat vollkommen recht. Stimmt's?"

„Hmpf, ja. Irgendwie schon. Paps ... ich muss mich doch beweisen, mich würdig zeigen."

Seine Mutter schüttelte den Kopf. „Mein lieber Paul, hast du noch immer nicht begriffen, dass es bei Freundschaft nicht um Leistung und Perfektion geht? Deine Freunde Samuel, Dominik und Sarah mögen dich – so, wie du bist. Du musst auch niemand anderem etwas vormachen. Jeder von uns hat Schwächen und besondere Stärken. Und eine wichtige Stärke ist es zweifellos zu erkennen, wann es an der Zeit ist, Hilfe anzunehmen."

„Aber, Mom ..."

Pauls Vater ergänzte: „Glaubst du wirklich, dass ihr es allein schaffen könntet, nach Ägypten zu reisen und dort alles auf die Beine zu stellen?"

„Nein, ich ..."

Dann schwiegen alle einen Moment lang.

„Während du darüber nachdenkst, möchte ich deine Frage nach den Kosten gern beantworten. Zumindest indirekt. Als letzter Archivar hat Markós Zugriff auf beträchtliche Ressourcen, die der Orden im Laufe der Zeit gesammelt hat. Er ist gern bereit, uns nach Kräften zu unterstützen – mit allem, was wir benötigen."

Paul bekam große Augen. „Soll das wirklich heißen, wir werden in offizieller Mission des Ordens der Archivare unterwegs sein?"

„Ja, ich denke, so kann man das sagen."

„Wow!"

„Dann gib deinem Team ... äh ... ich meine, deinen Freunden bitte Bescheid, dass wir sie in einer halben Stunde abholen."

Paul nickte und ging nachdenklich in sein Zimmer. Langsam schloss er die Tür und lehnte sich an. Er als Teamchef? So richtig intensiv hatte er nie darüber nachgedacht. Könnte er das überhaupt? Würden die anderen ihn akzeptieren – als ihren Anführer? Paul holte tief Luft und überprüfte seine Reisetasche. Dann schrieb er eine Kurznachricht an seine Freunde.

Es dauerte gar nicht lange, da hob ihr Flugzeug ab. Samuel befand sich natürlich schon wieder vorne in der Pilotenkanzel. Er durfte sich sogar einmal auf den Platz des Copiloten setzen und mit seinem theoretischen Wissen glänzen, das er sich beim Spielen mit einem Flugsimulator angeeignet hatte. Die Zeit verging geradewegs wie im Flug.

„Paps, wo sind wir eigentlich untergebracht?", fragte Paul seinen Vater, während sich die Maschine in den Landeanflug begab.

„Ehrlich gesagt weiß ich das gar nicht. Markós wollte uns damit überraschen. Er bat mich darum, die Unterkunft für uns aussuchen zu dürfen. Deshalb hat er uns auch gleich einen persönlichen Fahrer organisiert."

„Toller Service", meinte Dominik zufrieden nickend.

Paul blickte durch das Fenster nach draußen und machte den Flughafen aus, der sich langsam, aber sicher vom Wüstensand abhob. Da fiel ihm etwas ein. „Du, Paps? Wäre es nicht eigentlich sinnvoll gewesen, Clara mit einzuladen? Ich kann mir vorstellen, dass sie – als alte Ägyptologin – hier auch gern dabei gewesen wäre."

Pauls Vater lächelte seinen Sohn an und sagte leise: „Ich freue mich, dass du inzwischen so denkst. Deine Annahme trifft übrigens zu. Sie wird später zu uns stoßen, da sie noch einmal nach Zypern unterwegs ist und mit ihrem Verwandten sprechen möchte. Irgendetwas Wichtiges, Geheimes. Sie wollte es mir nicht näher erklären."

In diesem Moment setzte das Flugzeug auf.

Überraschung

Kapitel 4

Als die fünf die Flughalle verließen, wartete draußen bereits ein weißer Geländewagen auf sie. Ziemlich überrascht begrüßten sie den Fahrer.

„Georgios?“, rief Sarah erstaunt aus.

Ein braun gebrannter, top frisierter Mann in modischer Kleidung stand vor ihnen. Er verneigte sich lächelnd und sagte: „Willkommen! Willkommen im Land der Pharaonen und geheimnisvollen Mythen.“

Markus ging auf ihn zu und drückte ihm die Hand. „Mein lieber Georgios! Wir sind wirklich ganz schön von den Socken. Als Markós mir sagte, dass uns ein alter Bekannter abholen würde, hatte ich nicht gedacht, Sie wiederzusehen. Vor allem so ... anders. Sie sehen aus wie ein ... neuer Mensch.“

Georgios lachte: „Sie nicht wissen, wie recht haben!“

„Allerdings!“, pflichtete Samuel ihm bei. „Wir haben Sie kaum wiedererkannt. Sie sehen richtig ...“

„... normal aus“, vollendete Dominik den Satz. Dann fiel ihm wohl auf, dass es ziemlich unhöflich klang. „Ähm ... sorry, war nicht so gemeint.“

„Ach“, winkte Georgios lachend ab, „du völlig recht. Ich doch war, äh, wie sagt man ... Ganove. Doch nun kommt. Ich euch fahren.“

„Das ist echt krass. Sie haben in weniger als einem Jahr die deutsche Sprache gelernt“, staunte Paul. „Entschuldigen Sie, wenn ich so neugierig bin. Aber was ist passiert?“

Während Georgios die Koffer im Auto verstaute, lächelte er und sagte knapp: „Nun ... ich wohl hatte Gluck.“

Dann stiegen sie alle ein und fuhren los.

Nach ein paar Minuten hielt es Sarah nicht mehr aus. „Okay, also los jetzt. Georgios, Sie müssen uns unbedingt erzählen, wie es Ihnen ergangen ist."

„In Ordnung. Aber ein Bitte ich habe – sagt *du* zu mir. Hm ... wo beginne ich? Ihr euch erinnert an Zypern, nicht wahr? Ich euch habe viel Kummer gemacht, und doch ihr mir geholfen. Das ich werden nie vergessen."

Während Georgios so erzählte, zogen draußen Sandberge vorbei. In der Ferne waren viele Häuser zu sehen. Irgendwann wurde es grüner um sie herum, und sie durchquerten eine weite Landschaft aus Feldern.

„... und so kam es, dass ich Mr. Markós Klerides traf. Er mir zeigte einen anderen Weg. Er mir zeigte ... Jesus. Ich erkannte, dass ich haben viel Mist gebaut, viel Schuld geladen auf. Aber ich verstand, dass Jesus mich liebt. Er starb für mich am Kreuz." Als er das sagte, rann ihm eine Träne über die Wange. Wahrscheinlich zum ersten Mal in seinem Leben schämte er sich deswegen nicht. „Ich nahm Jesus auf und bekannte ihm mein große Schuld. Ich nie wieder ging zurück zu Mr. Black."

„Und dann sind Sie ... äh, ich meine, dann bist du direkt bei Markós geblieben?", vermutete Samuel.

Georgios nickte. „Ja. Er nahm mich auf. Machte mich neu, sozusagen. Gab mir ein Dach über mein Kopf und lernte mich Deutsch und Englisch zu sprechen."

„Ich würde meinen, du bist ein Naturtalent", sagte Paul anerkennend.

„Ach, meinst du? Es mir macht Freude, anderen Menschen zu helfen. Dafür ich brauche Sprachen. Markós sei Dank, dass ich durfte lernen."

„Und Gott sei Dank, dass Jesus dich retten konnte", ergänzte Markus fröhlich.

„Ja, das stimmt. Ihr euch sicher erinnert, ich haben erzählt von mein Frau. Als sie gestorben, ich dachte, mein Leben vorbei. Doch nun ich weiß, Jesus schenkt neues Leben."

Erfreut und beeindruckt schwiegen sie einen Moment lang.

„Wo fahren wir eigentlich hin?", wollte Dominik nun endlich wissen. „Markós hat uns nichts verraten, und ich bin echt neugierig."

Georgios lachte: „Das Überraschung, mein Freunde. Ich aber sagen kann, dass wir fahren nach Kairo."

Etwas später überquerten sie zweimal einen großen Fluss.

„Das muss der Nil sein, richtig?", überlegte Dominik.

„Ja, das Nil. Die Lebensader Ägyptens."

„Ist hier immer so viel Verkehr?", stöhnte Sarah, während sie durch die Stadt fuhren oder, besser gesagt: krochen. Stellenweise war kaum an fahren zu denken. „Ich glaube fast, mit Laufen kommen wir schneller voran."

„Uh, ja. Kairo sein große Stadt. Fast zwanzig Prozent des Volkes von Ägypten lebt hier."

Samuel dachte kurz nach. „Moment mal, zwanzig Prozent, sagst du? Soweit ich weiß, leben etwas mehr als hundert Millionen Menschen in Ägypten. Das wären ja an die zwanzig Millionen Menschen in dieser einen Stadt!?"

„Wahnsinn!", hauchte Paul. „Jetzt verstehe ich, wieso es so viele groß ausgebaute Vorstädte gibt."

„Und nicht zu vergessen die neue Hauptstadt, die gerade gebaut wird", ergänzte Samuel. „Ich hab mal gelesen, dass irgendwo östlich von Kairo City sozusagen eine Stadt in der Stadt gebaut wird, wohin viele Teile der Regierung umziehen sollen."

Georgios schien sichtlich beeindruckt zu sein. „Ihr klug seid. Ihr viel Wissen habt."

„Ja, ja. So sind sie, unsere vier Abenteurer", schmunzelte Markus, als sie gerade vor einem noblen Gebäudekomplex mit drei großen Türmen Halt machten.

Kaum stand das Auto still, öffnete ein älterer Herr mit Hut und grauer Uniform die Autotür, lächelte und sagte freundlich: „Welcome to Fairmont Hotel."

„What?“, platzte es aus Samuel heraus. „Wir sind im Fairmont einquartiert?“ Er hatte Mühe, die Fassung wiederzuerlangen.

„Was ist ein ... *Fairmont?*“, flüsterte Sarah Paul zu.

Paul grinste. „Das ist eins der feinsten und teuersten Hotels der Welt.

„Ach, du Schei***“, entfuhr es ihr. Schnell hielt sie sich die Hand vor den Mund.

Inzwischen hatten Georgios und ein Page die Koffer zum Empfang gebracht, wo bereits eine freundliche Dame auf sie wartete und ihnen beim Check-in half. „Herzlich willkommen in unserem Hotel! Ich hoffe, dass Sie und ihr euch wohlfühlt. Wenn es euch an etwas mangelt, steht euch das Zimmertelefon jederzeit für Wünsche zur Verfügung.“

„Sie sprechen aber gut Deutsch“, staunte Dominik.

Die Dame hinter dem Tresen lächelte. „Ja, und fünf weitere Sprachen. Das gehört zu meinem Job, weißt du. Wenn man in seiner eigenen Sprache angesprochen wird, fühlt man sich meist viel wohler, nicht wahr?“

Dominik nickte.

„Ey, wo sind unsere Koffer hin?“, erschrak Samuel auf einmal.

„Was? Wie?“ Markus wirbelte herum und riss die Augen auf.

„Das gibt's doch wohl nicht!“, schrie Paul entsetzt.

Bestürzt eilte die Empfangsdame hinter dem Tresen hervor und sah sich um. „Wo hatten Sie Ihr Gepäck denn abgestellt?“

„Gleich hier. Quasi neben uns“, erklärte Markus und tastete nach seiner Umhängetasche. „Oh, gut. Die ist wenigstens noch da.“ Er machte sie auf und griff hinein. „Nur gut, dass ich die wichtigsten Unterlagen direkt bei mir trug. Ich wüsste nicht, was ich ohne mein Notebook hätte machen sollen.“

Georgios wandte sich an die Empfangsdame. „Entschuldigen Sie bitte, wer verantwortlich für Gepäck bei Ihnen?“

„Ähm, also das ist Mr. Fahsil. Bitte begleiten Sie mich!“

„Kinder, ich mich kümmere. Ihr habt Schlüssel und schon einmal könnt gehen nach oben.“

Während sie durch die verschiedenen Hallen und Gänge liefen, kamen sie aus dem Staunen nicht mehr heraus. Alles sah ganz edel und luxuriös aus.

Als sie in den gläsernen Aufzug stiegen, drückte Dominik sich die Nase an der Scheibe platt: „Das gibt's nicht! Ist das da ein Wasserfall, der über die Marmorwand fließt? Mitten im Haus. Krass!"

„Dass ihr mir bloß nichts kaputt macht", murmelte Markus leise, der sich offenbar nicht wohl dabei fühlte, in einem Luxushotel zu übernachten.

Doch als hätte ihr Gönner, Markós Klerides, der letzte Archivar, es geahnt, rief er Markus und die Kinder an – gerade als sie auf ihrer Etage ankamen. „Hallo, meine Freunde!"

„Hallo, Markós! Schön, dich zu sehen!", riefen alle durcheinander, als Pauls Vater sein Handy in die Mitte hielt.

„Ich hoffe, ihr hattet eine gute Reise und seid mit der Unterbringung zufrieden."

„Also, ich weiß nicht ...", wollte Pauls Vater gerade ansetzen, doch die Kinder übertönten ihn sofort.

„Machst du Witze? Das ist das beste Hotel, das ich je erlebt habe! Hier könnte ich's bestimmt mehrere Wochen aushalten", posaunte Dominik übermütig heraus.

Samuel fragte: „Dürfen wir auch den Pool benutzen?"

„Aber klar!", antwortete Markós sichtlich amüsiert. „Ach, und Markus – falls du dir Gedanken um die Kosten machst ... das ist alles in Ordnung so. Ihr habt mir ein Stück Familie zurückgebracht. Ihr seid meine Gäste. Oder anders ausgedrückt – im Auftrag des Ordens der Archivare unterwegs. Übrigens, hier ist jemand, der euch grüßen möchte."

„Hallo, Kinder!" In diesem Augenblick hielt Clara, die Archivarin, den Kopf vor die Handykamera. „Alles klar bei euch?"

„Aber ja doch! Dieses Hotel ist einfach der Hammer! Das musst du gesehen haben!", sagte Sarah begeistert.

„Das werde ich. Schon bald bin ich bei euch. Bis dahin viel Spaß und vergesst die Erholung nicht."

„Ganz richtig", bestätigte Markós. „Das soll nicht nur eine Forschungsreise, sondern auch ein Stück Urlaub für euch sein. Genießt es! Ist alles so weit in Ordnung bei euch?"

Plötzlich schwiegen alle.

„Ähm ... falsche Frage?"

„Nein, also ... ja", stotterte Paul und sah seinen Vater Hilfe suchend an.

„Wir wurden ausgeraubt ... gewissermaßen."

„Wie bitte?" Trotz des kleinen Handydisplays war Markós' Entsetzen deutlich zu sehen. „Wie ist das passiert?"

Dominik erklärte: „Gerade als wir beim Check-in unsere Schlüssel erhielten, hat jemand unsere Koffer gestohlen."

Nachdenklich ergänzte Paul: „Das war der einzige Zeitpunkt, an dem wir abgelenkt waren. Diese Ganoven!"

Pauls Vater sagte: „Georgios kümmert sich bereits darum. Ich hoffe, er findet sie bald wieder."

„Ja, das hoffe ich auch", nickte Markós nachdenklich. „Auf jeden Fall vertraue ich ihm."

Dann lächelte Samuel in die Handykamera und sagte: „Das war ja eine ganz schöne Überraschung mit Georgios. Wir haben ihn fast nicht wiedererkannt."

Markós lachte: „Ja, das glaub ich dir. Er hat eine große Verwandlung hinter sich. Und ich glaube, das ist erst der Anfang. Auf jeden Fall solltet ihr ab sofort gut auf eure Sachen aufpassen. Wer weiß, was dahintersteckt. Es können einfache Diebe gewesen sein oder aber auch ..."

„... oder aber was?", hakte Paul nach.

Markós schwieg und kratzte sich am Kopf. „Ich ... weiß nicht. Vielleicht ist es nichts. Passt einfach auf euch auf, in Ordnung? Und nun, guten Appetit!"

„Guten Appetit?", wiederholte Dominik irritiert. „Da fällt mir ein, wir hatten ja heute noch gar kein Mittagessen."

„Ja, das hatte ich mir schon gedacht. Deshalb habe ich im Restaurant für euch reservieren lassen. Und ehe ihr fragt – das geht natürlich auf mich. Der ganze Aufenthalt, mit allem Drum und Dran."

„Wow, danke!", hauchte Paul beeindruckt.

„Wir sehen uns bald wieder. Macht's gut, Freunde!"

„Auf Wiedersehen."

„Tschüüüüüss!"

Sarah winkte noch einmal in die Kamera, dann beendete Markus das Gespräch. Er wirkte noch immer etwas unbeholfen. Ein Problem, das die Kinder gerade überhaupt nicht hatten. Schon im nächsten Moment waren sie in ihren Zimmern verschwunden, und man konnte hören, wie sie laut jubelnd in ihre großen Betten sprangen.

Nachdem sie etwas später an ihrem Tisch im Restaurant Platz genommen hatten, machte Dominik große Augen. „Ähm ... ist das nicht ein bisschen viel Besteck? Gleich mehrere Gabeln, Löffel und Messer in verschiedenen Größen. Wer soll da durchblicken?"

Samuel lachte. „Das ist im Grunde ganz einfach. In solchen Restaurants werden meistens mehrere Gänge nacheinander serviert. Du nimmst das Besteck einfach von außen nach innen. Wenn etwas nicht mehr benötigt wird, nimmt der Kellner es in der Regel auch gleich weg."

„Puhh", stöhnte Dominik. „Ich hatte schon befürchtet, ich verhungere, ehe ich weiß, was wofür gebraucht wird."

Die anderen amüsierten sich über Dominiks harmlose Probleme.

Endlich kam Georgios wieder und machte einen besorgten Gesichtsausdruck.

„Und? Hast du unsere Koffer gefunden?", wollte Dominik gleich wissen.

Georgios setzte sich zu ihnen und beugte sich leicht nach vorn. Dann flüsterte er: „Ja. Und euch wird nicht gefallen, wo."

„Wie ... meinst du das?“, fragte Markus unsicher nach.

„In der Wäscherei!“

„Wie bitte?“, fragte Sarah erstaunt, die bisher ziemlich ruhig geblieben war. „Wie kommen unsere Koffer denn in die ...? Das verstehe ich nicht.“

In diesem Augenblick kam ein Kellner und wollte die Bestellung aufnehmen.

„Georgios, dürfen wir dich zum Essen einladen, ja?“, bat Sarah lächelnd.

„Ja, also, wenn ihr meint!?“

Kaum, dass der Kellner wieder verschwunden war, fuhr Georgios fort: „Nun, ich nicht genau kann sagen, was passiert. Offenbar zwei fremde Pagen, nicht von Hotel, sich verkleidet und eure Koffer genommen. Dann sie sind gefahren in Keller, zu Wäscherei. Dort sie die Koffer geöffnet und durchsucht. Dann sie haben geworfen die Koffer in Wäschecontainer.“

„Boah ey“, grummelte Samuel. „Da müssen wir ja froh sein, dass du sie überhaupt gefunden hast.“

„Ja. Das Gluck. Die Angestellten der Wäscherei waschen wollten und beim Leeren der Container die Koffer fielen heraus. Ich versucht, alles wieder einzupacken. Hoffentlich nichts übersehen habe. Sonst bitte sagen.“

„Wo sind die Koffer jetzt?“, erkundigte sich Paul.

„Ich persönlich alles in Zimmer von Markus gebracht.“

Samuel stöhnte. „Uff, na, das geht ja gut los.“

„Was die wohl gesucht haben?“, murmelte Sarah.

Da zog Markus eine alte Landkarte heraus. „Wahrscheinlich das hier.“

„Ist das die Landkarte aus dem Brief?“

„Ja. Ich weiß aber immer noch nicht so genau, was sie bedeutet. Man erkennt hier einen Teil von Kairo.“ Dabei wies er auf verschiedene Bereiche der Landkarte. „Allerdings glaube ich nicht, dass es eine Landkarte ist. Ich halte es eher für einen Lageplan. Doch was er darstellt, weiß ich auch nicht.“

„Was sind das hier für Linien und Kreuze?", forschte Paul nach.

„Keine Ahnung. Jedenfalls haben sie nichts mit den normalen Straßen zu tun."

Samuel verschränkte die Arme. „Zumindest scheint diese Karte so wichtig zu sein, dass jemand sie stehlen will. Jetzt müssen wir nur noch herausfinden, wieso."

„Vor allem frage ich mich", murmelte Markus, „wie diese Leute Wind davon bekommen konnten."

Paul ergänzte: „Und wer sind *die* überhaupt?"

In diesem Moment kamen zwei Kellner herbeigeeilt und stellten den ersten Gang auf dem Tisch ab.

„Hmmm ..." Dominik leckte sich die Lippen ab. „Frische Lachscremesuppe. Also, von mir aus kann's losgehen." Er schnappte sich den Löffel und tauchte ihn in die Suppe ein.

Doch Pauls Vater hob die Hand und sagte: „Ich würde noch gern mit uns beten. *Herr Jesus, wir danken dir für die gute Anreise. Danke, dass wir hier so super versorgt sind. Wir bitten dich um deinen Segen und um Schutz für die vor uns liegenden Tage. Du kennst die Menschen, die unsere Koffer gestohlen haben, und wir müssen davon ausgehen, dass dies nicht der letzte Kontakt mit ihnen war. Bitte pass auf uns auf und schenke uns Mut, Kraft und Weisheit, um das Richtige zu tun. Hilf uns, das fünfte Testament zu finden. Das wollen wir zu deiner Ehre tun. Amen!*"

„Amen!"

Der orientalische Markt

Kapitel 5

Nach dem fulminanten Fünf-Gänge-Menü lehnte sich Dominik zufrieden zurück. „Meine Güte, war das lecker! Anfangs fand ich die kleinen Portionen fast lächerlich. Aber jetzt ... am Ende bin ich doch echt satt geworden."

Samuel lachte: „Vergessen wir dabei nicht, dass du dreimal Nachtisch bestellt hast."

„Öhm ... na ja. Ist doch Urlaub", grinste Dominik.

Georgios war sichtlich amüsiert. Dann fragte er: „Wo ihr wollt zuerst hin? Ich euch gern zeigen die Stadt und geben Tipps, wo ihr ..."

„Super!", fiel Sarah ihm ins Wort. „Ich freue mich schon wahnsinnig darauf, die Stadt zu erkunden. Man denke nur an die vielen verschiedenen Baustile, die Menschen, die Kultur, die orientalischen Märkte und ..."

„Stopp!", lachte Samuel. „Nicht gleich alles auf einmal."

„Und natürlich dürfen die Pyramiden nicht fehlen", ergänzte Paul. Dann grinste er frech und sagte: „Bei der Gelegenheit entschlüsseln wir auch gleich ihr Geheimnis."

Markus schmunzelte. „Na, da hast du dir ja was vorgenommen."

„Gut", sagte Georgios und erhob sich. „Dann folgt mir, bitte. Ich hole Auto."

Nach etwa zwanzig Minuten Autofahrt überquerten sie den Nil.

„Ach, ich seh's schon", meldete sich Samuel zu Wort. „Wir besuchen bestimmt den Fernsehturm, richtig? Ich vermute mal, dass wir von dort oben einen super Rundblick haben."

Georgios nickte. Er suchte sich einen Parkplatz und führte seine Gäste zu einem hohen, schlanken Turm. „Dies ist *Cairo Tower.* Er hoch 187 Meter und damit die größte Gebäude in Ägypten. Kommt, uns lasst hineingehen!"

„Faszinierend!" Sarah bestaunte ein großes buntes Mosaik, das um die ganze Innenwand herum verlief.

Dominik stand schon am Aufzug und drängelte. „Kommt ihr? Ich will endlich hoch."

Nach einer knappen Minute kamen sie oben an und verließen den Aufzug. Draußen erwartete sie eine wunderschöne Nachmittagssonne.

„Meine Herren!" Samuel pfiff beeindruckt. „Von hier oben hat man ja eine perfekte Aussicht."

„Dabei ihr habt heute ziemlich Gluck", erklärte Geogios.

„Warum Glück?"

„Oft ist es sehr ... wie sagt man ... dunstig, neblig."

„Ach, du meinst sicher den Smog, also Luftverschmutzung."

„Ja, ja, genau."

„Meine Güte!", rief Dominik aus und zeigte in eine ganz bestimmte Richtung. „Seht euch das mal an!"

Die anderen kamen zu ihm und schauten über das Gitter.

„Die Pyramiden", sagte er ehrfurchtsvoll.

Paul murmelte: „Wenn ich bedenke, dass wir hier ganz schön weit entfernt sind ... trotzdem sehen sie so groß und majestätisch aus. Schon krass, dass wir sie mal in echt sehen."

„Ob wir sie mal besuchen können?", fragte Sarah.

Markus sah Georgios kurz an und nickte dann: „Warum nicht?"

„Aber vorher möchte ich unbedingt auf den Chan el-Chalili", sagte Sarah ganz hippelig.

„Ah, du meinst die Basar in der Altstadt", erkannte Georgios. „Das gute Idee. Allerdings ich empfehle euch, wirklich mitzunehmen nur das Nötigste. Auf die Basar gerne wird gehandelt, aber da auch viele Taschendiebe."

„Was ist das für ein Basar?“, fragte Dominik achselzuckend.

Sarah erklärte: „Das ist ein weltberühmter orientalischer Markt. Da kannst du im Grunde alles kaufen, was du dir vorstellen kannst – Obst, Gemüse, seltene Gewürze, besondere Leckereien, handgemachte Kunst und vieles mehr. Vor allem macht es den Leuten viel Spaß, miteinander zu handeln. Ich habe sogar mal gelesen, dass es unhöflich sei, wenn man nicht erst handeln würde.“

Als sie auf der Aussichtsplattform des Turms weiterliefen, entdeckte Markus auch etwas. „Da, schaut mal! Unser Hotel.“

Direkt am Nil befanden sich die drei großen Gebäude in der Nilstadt, der *Nile City*. Eines davon war ihr Hotel.

„Komisch“, meinte Samuel irritiert. „Sind wir wirklich so nah? Wir sind doch fast eine halbe Stunde mit dem Auto unterwegs gewesen.“

„Tja“, stöhnte Georgios, „ich nur sagen – Überbevölkerung und Verkehrschaos. Du sicher hast bemerkt, dass viele Autos unterwegs und noch mehr Menschen.“ Dann ging er ein paar Schritte weiter und streckte den Arm aus. „Ihr überall seht große Häuser. Dazwischen viele kleinere. Ihr müsst wissen, auf viele Dächer der kleineren Häuser Menschen wohnen. Es Gebiete gibt, in denen fast jedes Dach von armen Menschen bewohnt.“

„Gibt es hier also auch so etwas wie Slums?“, erkundigte sich Markus besorgt.

Georgios nickte. „Ja, leider. Zu viele Menschen, zu wenige Wohnungen, zu wenig Arbeit. In Kairo es gibt Zweiklassengesellschaft – neben den Reichen. Also eigentlich drei Klassen. Die sogenannte Mittelschicht, also jene, die weder arm noch reich, in den Häusern wohnen. Reiche Menschen leben meist außerhalb oder in Gegenden, die besonders. Die Armen oft wohnen in kleinen Hütten am Rand der Stadt oder auf Dächern. Sie getrennt leben von andere Menschen.“

„Das ist ja schlimm“, seufzte Sarah.

„Manche von ihnen sich nennen Dachmenschen. Sie auf dem Dach geboren und dort leben. In diesen Gebieten ihr nicht unbedingt solltet herumlaufen. Gefährlich es ist."

Sarah zupfte an Georgios' Hemd. „Also, ich würde mich freuen, wenn wir uns jetzt endlich den berühmten Basar angucken könnten."

„Ja, natürlich, meine Dame." Georgios verneigte sich lächelnd vor Sarah und bot ihr seinen Arm an. Sarah henkelte sich ein und ließ sich von ihm zum Aufzug führen.

Nach einer weiteren Autofahrt durch viele enge Gassen parkte Georgios das Auto in der Nähe eines kleinen Parks.

„So, da wir wären." In diesem Moment klingelte sein Handy. Georgios las die Nachricht und lächelte. „Freunde, ich euch werden hier absetzen. In etwa zwei Stunden wir uns treffen wieder hier."

Markus fragte neugierig: „Du hast noch etwas vor?"

„Ja. Sozusagen. Ein alter Freund sich hat gemeldet. Er zufällig in Stadt. Wir uns kurz treffen. Ich euch holen ab, später."

Sie verabschiedeten sich, und Georgios fuhr davon.

„Ich freue mich schon auf den Basar", jubelte Sarah. „Kommt, lasst uns feilschen gehen!"

Paul hatte beobachtet und gelernt. Er hielt Sarah den Arm hin und fragte lächelnd: „Wollen wir?"

Grinsend henkelte sie sich ein und nickte. „Vielen Dank, der Herr. Gerne!"

Gemeinsam schlenderten die fünf durch die umliegenden Straßen und Gassen. Hier reihten sich Hunderte von Geschäften und Ständen aller Art aneinander. Zwischendurch waren allerlei exotische Düfte wahrzunehmen.

„Ihr kommt bestimmt auch eine Weile ohne mich aus, oder?" fragte Markus auf einmal. „Es gibt hier ganz in der Nähe ein schönes Museum – das *Zeinab Khatoon House*. Es befindet sich nahe der *Al Azhar Moschee*. Wenn das für euch okay ist, würde ich mir das gern einmal anschauen. Wir könnten uns dann", er guckte kurz auf die Uhr, „in etwa neunzig Minuten wieder vorn am Park treffen."

„Aber klar doch", sagte Dominik und nickte.

„Viel Spaß!", wünschten die anderen.

So trennten sie sich. Markus machte sich auf den Weg zum Museum, während die vier Freunde die endlosen Marktgassen entlangzogen.

„Ich verstehe das nicht." Dominik schüttelte den Kopf.

„Was denn?", fragte Samuel.

„Na ja, es gibt hier so viele Händler. Das müssen Hunderte sein. Wie machen die das? Die können doch unmöglich alle genug verkaufen, um davon zu leben, oder?"

Samuel zuckte mit den Schultern. „Puhh ... da fragst du den Falschen."

Sarah blickte sich um. „Schau dich doch mal um, Dom. Guck dir die Menschen an, die Häuser und die Fahrzeuge, die vielen verrückten Mopedfahrer hier. Ich denke, das sind weitgehend arme Leute. Jedenfalls im Vergleich zu uns."

„Du meinst", überlegte Paul, „sie kommen mit weniger aus?"

Sarah nickte. „Ja, denke ich."

Da kamen sie an einem Stand vorbei, wo es handgefertigten Schmuck gab. Sofort sprang der Händler auf und wedelte mit einem ganzen Packen Ohrringen und Armbändern vor ihnen herum. „Beste Ware. Wunderschön!"

„Oh, Sie sprechen Deutsch?", wunderte sich Sarah.

Der Händler grinste übers ganze Gesicht. „Aber ja, German Kunde, wichtig Kunde. You kaufen very nice Gems? Or do you prefer lieber ein beautiful necklace?"

Samuel lachte. „Also, das klingt für mich eher nach Denglisch als nach Deutsch."

Doch der Händler ließ sich nicht beirren. „Du müssen test it." Noch ehe Sarah etwas sagen konnte, hatte er ihr schon einen Halsschmuck angelegt. Er nickte heftig und begann fröhlich zu lachen, wobei man seine zwei großen Zahnlücken erkennen konnte. Er klatschte in die Hände und sagte: „Wonderful. Das perfect für dich!"

Sarah betrachtete die Halskette und entdeckte arabische Schriftzeichen darauf. „Was steht hier drauf?"

„Excuse me?", fragte der Händler achselzuckend.

„Ah, sorry. Ähm ... what is written on the necklace?"

„Ah, ich verstehen. Du want to know the Text auf dem necklace?"

Sarah nickte und raunte ihren Freunden zu: „Englisch versteht er offenbar besser."

Auf einmal begann der Händler, mit den Augenbrauen zu zucken, und setzte ein breites Grinsen auf, kam ganz nah an Sarah heran und flüsterte: „Du schon wissen, you haben Glück in Liebe, right?"

Sarah wich zurück und sah ihn mit großen Augen an.

Dann zwinkerte der Händler Paul zu, der Sarah noch immer eingehenkelt hatte, und meinte zu ihm: „Du glucklich Mann."

Paul begann zu ahnen, was er meinte.

Doch Sarah ließ nicht locker. „So, what is written on the ..."

„Ja, yes. Ich sagen dir." Dann betastete der Händler die Halskette und strich mit dem Finger über die Inschrift. Dabei las er laut vor und übersetzte direkt ins Englische. „If you found a pretty bird, hold it, hold it. Make more birds, more birds. They sing a song for Uto."

Erwartungsvoll schaute er Sarah an.

„Hm ... wenn du einen schönen Vogel findest, halte ihn fest, halte ihn fest. Macht mehr Vögel, mehr Vögel. Sie singen ein Lied für Uto", übersetzte Sarah. „Also, irgendwie klingt das eigenartig", meinte sie.

„War Uto nicht eine Fruchtbarkeitsgöttin?", murmelte Paul.

„Oh ja. Sie fruchtbar, ihr werden bestimmt machen viele Vögel."

„Bitte WAAAAS?", rief Sarah erschrocken.

Auf einmal mussten Samuel und Paul laut loslachen.

„Paul!“, beschwerte sich Sarah empört und riss sich von ihm los. Verärgert nahm sie die Halskette ab und drückte sie dem grinsenden Händler in die Hand. „Ich verzichte!“ Dann stapfte sie davon.

„Los, kommt!“, witzelte Samuel. „Sonst fliegt unser fruchtbares Vögelchen noch auf und davon.“

Paul hielt die Jungs am Arm fest. „Habt ihr seine Schuhe gesehen?“

„Äh, nein. Wieso?“, fragte Dominik.

„Das waren teure Lackschuhe. Schau dich mal um! Wer von den ganzen Händlern hier läuft denn mit solchen Schuhen herum? Die jüngeren tragen häufig Sportschuhe und die älteren irgendwelche alten Dinger.“

Samuel hielt an und drehte sich um. „Du hast recht, das ist seltsam. Dom, du gehst am besten schon mal zu Sarah, nicht, dass sie sich noch verläuft. Wartet auf uns! Wir kommen gleich nach.“

„Was hast du vor?“

Paul antwortete: „Wenn ich richtig liege, ist der Kerl inzwischen verschwunden.“

Die beiden Jungs flitzten zurück zu dem Stand, wo sie die Halskette angeboten bekommen hatten. Und tatsächlich – der schmierige Händler war verschwunden.

„Was sollte das?“, fragte sich Paul.

Samuel stöhnte. „Ich weiß nicht. Aber das kann kein Zufall sein. Ich werde das Gefühl nicht los, dass jemand hinter uns her ist. Oder zumindest werden wir beobachtet.“

„Aber was sollte diese Aktion eben?“, überlegte Paul weiter. „Warum ist er so dicht an Sarah herangetreten und hat uns abgelenkt ... Sekunde mal, könnte es vielleicht sein, dass dieser schmierige Kerl uns eine Wanze untergeschoben hat?“

„Eine Wanze? Aber wofür denn?“

„Vielleicht ist es weit hergeholt, aber nehmen wir mal an, dass er zu denselben Leuten gehört, die unsere Koffer geklaut haben, dann sind sie bestimmt noch immer hinter der Karte her, die mein Vater bei sich trägt."

Samuel kratzte sich am Kopf. „Da könntest du recht haben. Hm … wenn ich so darüber nachdenke, der Kerl kam Sarah zweimal verdächtig nahe."

„Wir sollten Sarahs Taschen untersuchen. Lass uns zu den anderen gehen. Sie warten bestimmt schon."

Die beiden Jungs hatten Dominik und Sarah schnell erreicht und berichteten von ihrer Theorie. Sofort leerte Sarah ihre Tasche aus. Plötzlich fiel ein kleines schwarzes Ding heraus.

„Tatsächlich!", jappste Paul und hob das kleine Ding auf.

Samuel untersuchte das Objekt und murmelte dann: „Wenn ich nicht irre, besitzt diese Wanze nur eine kurze Reichweite. Die hören also nicht bloß mit, die beobachten uns auch."

„Damit ist jetzt Schluss!", rief Sarah empört, nahm Samuel die Wanze aus der Hand, warf sie auf den Boden und trampelte kräftig darauf herum. „So!"

Paul überlegte: „Ich weiß nicht, ob das eine gute Idee war."

„Machst du Scherze?" Sarah sah ihn kopfschüttelnd an.

„Ich mein ja nur. Wir hätten die Wanze nutzen können, um die Ganoven auf eine falsche Fährte zu locken. Das geht jetzt aber nicht mehr."

„Oh!" Nun begann Sarah, sich Vorwürfe zu machen. „Ich wollte doch nur …"

„Ja, ich weiß doch. Ist schon gut." Paul legte ihr die Hand auf die Schulter und beruhigte sie. „War nur eine Idee. Ist aber nicht schlimm. Wir kriegen sie auch so. Nicht wahr?"

„Jepp. Auf jeden Fall", bestätigte sie nickend.

Es dauerte gar nicht lange, und da war schon wieder alles vergessen. Dominik und Samuel waren an einem großen bunten Stand gelandet, der allerlei exotisch aussehende und riechende Gewürze anbot. Während Sarah sich einen gelben glänzenden Schal anguckte, stand Paul etwas abseits und beobachtete sie heimlich.

„How much?“, fragte Sarah den Händler hinter einem Tisch voller Stofftücher.

„20“, antwortete er, etwas mürrisch.

„Hm … what about 10?“, begann sie zu handeln.

Jetzt entdeckte Paul ein erstes Aufflackern in den Augen des alten Mannes.

„10? Do you want to make me a poor man?“, sagte er grinsend und stand auf.

„Uhm?“ Sarah schien erschrocken. „Ich, äh, wollte Sie nicht kränken“, murmelte sie.

Der alte Verkäufer stand reglos da und schien zu warten.

Paul fasste sich ein Herz, ging auf die beiden zu und sagte: „12. I think it's a good price.“

Jetzt begann der alte Mann fast zu lachen. „You are a good man. But this is very good quality.“ Er hielt Paul und Sarah den Schal mit der guten Qualität unter die Nase und ließ sie die samtig-weiche Oberfläche befühlen. „Feel the velvety soft fabric!“ Genüsslich strich der Mann über den Stoff. „You get it for ... 15.“

Sarah sah Paul hilflos an. „Ich hätte nicht gedacht, dass es so kompliziert werden würde.“

Paul lächelte und schüttelte den Kopf. „Nicht kompliziert. Das gehört einfach dazu. Warst du nicht diejenige, die so verrückt danach war?“ Dann wandte er sich wieder an den Händler und sagte mit fester Stimme: „13! My last offer!“

„Deal“, rief der alte Mann fröhlich aus, überreichte Sarah das Tuch und nahm freudestrahlend das Geld von Paul entgegen.

Sarah holte tief Luft, legte sich das Tuch um den Hals und lächelte zufrieden.

„Wunderschön“, murmelte Paul.

„Danke, Paul. Das war wirklich sehr nett von dir.“ Sie guckte ihn mit ihren großen Augen freundlich an und wollte gerade etwas sagen, als Samuel und Dominik von ihrem Gewürzstand wieder zurückkamen.

„Schaut mal, was wir gefunden haben!“ Sie hielten ein Dutzend kleine Behälter hoch. „Haben wir alles für 10 ägyptische Pfund bekommen.“

„Was ist das?“

„Das sind Gewürze“, erklärte Dominik.

Samuel grinste. „Zeug, von dem ich nicht einmal wusste, dass es das überhaupt gibt. Bin schon gespannt, was man damit machen kann.“

Sarah schnupperte an den Dosen. „Auf jeden Fall riecht das sehr interessant.“

Paul guckte auf die Uhr. „Ich denke, wir sollten uns so langsam, aber sicher wieder auf den Rückweg machen. In einer halben Stunde müssen wir am Park sein.“

„Du hast recht“, bestätigte Samuel. „Dann los!“

„Na, hoffentlich finden wir uns noch zurecht. Es gibt hier so viele Straßen, Abzweigungen und verwinkelte Gassen“, sagte Sarah. „Ohne euch wäre ich total aufgeschmissen.“

Der Rückweg war letztlich kürzer als gedacht, da sie keine Händler mehr besuchten.

„Krass, wir sind sogar ein paar Minuten zu früh dran, Leute“, bemerkte Dominik.

Sarah überlegte. „Tja, und was machen wir nun?“

Paul nahm das Handy und sah sich den Stadtplan an. „Das Museum, das mein Vater gerade besucht, ist gar nicht weit weg. Wenn ihr wollt, könnten wir ihn dort abholen.“

Seine Freunde waren einverstanden, und so machten sie sich auf den Weg.

„Da, schaut mal. Dieses große Gebäude muss die Moschee sein, die dein Vater meinte.“ Dominik zeigte auf ein großes, massiv gebautes Gebäude mit mehreren schlanken Türmchen.

„Dann müsste sich das Museum gleich dahinter befinden.“ Paul ging voran, die anderen folgten ihm.

Tatsächlich war das Museum schnell gefunden. Sie schauten sich um, aber Markus war noch nicht zu sehen.

„Dieses Haus scheint einmal restauriert worden zu sein“, erkannte Sarah. „Und da geht’s bestimmt rein.“

Kaum hatte sie ausgesprochen, rempelte sie ein kleiner Junge an, riss ihr die Tasche von der Schulter und rannte davon.

Notfallmission

Kapitel 6

„Hey! Hiergeblieben!", schrie sie.

„Was ist los?" Die Jungs verstanden erst nicht.

„Der Kerl hat meine Tasche gestohlen!"

Paul sah Dominik an und zerrte an seinem Arm: „Los! Hinterher!" Schon halb fort schrie er noch schnell über die Schulter: „Du passt auf Sarah auf, Sam!" Dann bogen sie um die Ecke. Sie rannten eine enge Gasse entlang und erreichten eine Weggabelung.

„Wo lang?", fragte Dominik hechelnd und blickte sich um.

Da sahen sie den Jungen von einer Mauer herunterspringen. „Da! Hinterher!" Sofort nahmen sie die Verfolgung wieder auf. Als der Junge sie bemerkte, nahm er die Beine in die Hände und rannte, so schnell er konnte. Dabei bog er mehrere Male links und rechts ab.

„Sag mal, rennen wir im Kreis?", fragte Paul keuchend.

„Nicht schlapp machen!", rief Dominik und rannte voraus. Hinter der nächsten Hausecke hatte er den Jungen fast erreicht.

Paul konnte gerade noch sehen, wie der Junge zwischen aufgehängten Teppichen hindurchschlüpfte, Dominik ihm folgte und hinter den Teppichen verschwand. Dahinter befand sich ein Innenhof mit hohen Mauern. In dem ganzen Hof gab es nur ein einziges kleines Fenster. „Dom? Dom! Wo steckst du?", rief er. Da entdeckte er eine kleine Seitengasse und rannte hinein. Fast wäre er über seinen Freund gestolpert.

„Whoooaaa ..."

„Wo bist du denn geblieben?", zischte Dominik, ohne den Blick von den zwei Männern zu lösen, die ihnen im Weg standen.

„Die sehen nicht so aus, als würden sie uns durchlassen", raunte Paul ihm zu.

„Keine Ahnung. Kommt auf einen Versuch an." Langsam ging Dominik auf sie zu.

Paul folgte ihm. Jetzt waren sie nur noch wenige Meter von den beiden schwarz vermummten Männern entfernt. Sie standen reglos da und hatten die Hand an ihre Säbel gelegt, die im Gürtel steckten. Diese beiden Gestalten strahlten etwas Unheimliches aus.

Dominik versuchte es zu ignorieren und wollte sich an ihnen vorbeizwängen. Da ergriff einer der Männer Dominiks Arm, funkelte ihn zornig an und sagte etwas auf Arabisch. Als Dominik nicht verstand, wiederholte der Mann seine Frage – diesmal wesentlich lauter. Paul wollte seinem Freund helfen, doch noch bevor er ihn erreichte, streckte der andere Mann den Arm aus und hinderte ihn am Weiterkommen.

Mit fester Stimme sagte der Mann etwas auf Arabisch. Es hörte sich wie „Tologoff" an.

Paul erkannte eine Tätowierung auf dem Arm des Mannes. Doch noch ehe er sich das genauer ansehen konnte, stieß der andere Dominik von sich weg und zeigte mit dem Finger in die Richtung, aus der sie gekommen waren.

„Ich glaube, die wollen uns wieder wegschicken", erkannte Dominik verärgert.

„Wir sollten die Chance nutzen", sagte Paul ängstlich.

„Und Sarahs Tasche?"

Paul hob die Schultern. „Was willst du denn machen? Mit denen können wir uns doch nicht anlegen. Außerdem hat sich der Dieb sowieso längst aus dem Staub gemacht."

Widerwillig ließ Dominik sich von Paul wegziehen. Sie bogen um die Ecke in den Innenhof und hielten kurz inne.

„Was ist denn jetzt?", stöhnte Dominik.

Pauls Neugier war nicht zu bremsen. Erfolglos versuchte er, in das einzige Fenster dieses Hofes hineinzusehen. „So ein

Mist. Ich kann nicht richtig reingucken, bin zu klein. Und die Mauer bietet nichts zum Hochklettern."

Dominik blickte sich um. „Es gibt hier nicht einmal eine Tür. Komisch."

„Hilfst du mir mal, bitte?", bat Paul und blickte die Mauer an.

„Warum willst du unbedingt da reingucken?", fragte Dominik.

Paul machte eine Handbewegung, die den ganzen Innenhof umfasste. „Weil das äußerst mysteriös ist. Wieso besitzt dieser hoch gemauerte Innenhof nur ein einziges kleines Fenster?"

„Vielleicht ein Gefängnis?", vermutete Dominik.

„Ach, Quatsch! Hier doch nicht. Mach mal eine Räuberleiter, Dom!" Er trat in Dominiks Hände und schob sich nach oben.

„Was siehst du?"

„Merkwürdig."

„Du bist ganz schön schwer geworden, Kumpel", ächzte Dominik.

Paul sprang wieder ab und runzelte die Stirn. „Da ist ein ovaler Raum mit neun Stühlen, die um ein Symbol herum angeordnet sind, das sich auf dem Boden befindet. Dieses Symbol zeigt auf eine der schmalen Seiten des Raumes, wo eine Art Holzschrank steht. Könnte auch eine Wandverkleidung sein. Er trägt das Bild einer Schlange. Genauer konnte ich das nicht erkennen."

„Eine Schlange?"

„Ja. Dieses Bild erinnert mich an etwas ... ich weiß nur noch nicht, woran."

Dominik machte große Augen. „Du hast das schon einmal gesehen?"

„Hm ... nein. Eigentlich nicht. Und doch kommt es mir bekannt vor."

In diesem Moment klingelte Pauls Handy. „Ja? Ach, ihr seid es ... ja, uns geht es gut. Wir kommen jetzt zurück."

„Dein Vater?", nahm Dominik an.

„Ja. Er wartet mit Samuel und Sarah vor dem Museum. Sie haben sich Sorgen gemacht. Na ja, lass uns gehen."

Die beiden Jungs traten den Heimweg an und versuchten, sich zu orientieren, so gut es ging. „Meine Güte, hier verläuft man sich ja ohne Handy. Bloß gut, dass wir so gut ausgerüstet sind", stöhnte Dominik.

Als sie um die nächste Hausecke bogen, entdeckten sie plötzlich den kleinen Dieb. Der Junge saß auf einem Geländer und machte sich gerade über Sarahs Tasche her. „Da ist ja unser Dieb", flüsterte Paul Dominik zu. Er nahm sein Handy und öffnete den Stadtplan. „Dom, du rennst am besten um diesen Häuserblock. Dann müsstest du auf der anderen Seite der Gasse ankommen, und der Kerl sitzt in der Falle."

„Wieso muss ich den Umweg nehmen?", beschwerte sich Dominik.

Paul grinste. „Ganz einfach, weil du die Sportskanone von uns beiden bist."

„Na schön." Dominik rannte los.

Es dauert nicht lange, und Paul konnte seinen Freund am anderen Ende der Gasse winken sehen. Jetzt liefen beide aufeinander zu. Der Dieb befand sich zwischen ihnen. Da stieß Paul aus Versehen an einen Blecheimer. Das schreckte den Jungen auf. Sofort sprang er vom Geländer und rannte in die entgegengesetzte Richtung. Doch dort stand ihm Dominik im Weg. Schnell machte er kehrt und wollte wieder zurück, aber inzwischen war Paul nahe herangekommen. Der Junge wirbelte hin und her und sah sich sogar nach oben um. Aber es gab keinen Ausweg mehr. Er seufzte tief, dann ließ er die Tasche fallen.

„Haben wir dich!", rief Dominik von hinten.

Paul hob die Tasche auf und guckte hinein. Es schien noch alles da zu sein – Geldbörse, Handy, der neue Schal: alles drin. „Ich versteh das nicht. Da scheint noch alles drin zu sein."

„Vielleicht hatte er noch keine Gelegenheit, die Tasche auseinanderzunehmen", mutmaßte Dominik.

„Das kann ich mir nicht vorstellen. Wir waren mehrere Minuten lang getrennt."

„Fragen wird aber schwierig werden, wenn er vielleicht nur Arabisch spricht."

Paul überlegte. „Also, soweit ich weiß, lernen die Kids hier auch Englisch in der Schule. Ich versuch's einfach mal." Dann trat er ganz dicht an den Jungen heran und beugte sich zu ihm hinunter. „What did you want with the bag?"

Der Junge machte nur große Augen.

„What did you take?", legte Paul nach, diesmal lauter. Da nahm er einen Geruch wahr und schnüffelte. „Hm? Riecht das nach ... Schokolade und ... Müsli?" Er richtete sich auf, verschränkte die Arme und guckte den Jungen streng an.

Zögerlich zog der kleine Kerl einen halb aufgegessenen Müsliriegel aus der Hosentasche. Ängstlich sah er zu Paul auf.

Unwillkürlich trat Paul einen Schritt zurück. Das dreckverschmierte, ängstliche Gesicht des kleinen Diebes sprach Bände. Als Paul in seine Augen sah, konnte er einfach nicht anders. „Pfff ... okay. Lassen wir's gut sein. Ich glaube ... er hatte einfach nur Hunger."

„Armer Kerl", seufzte Dominik und wollte gehen.

„Warte", murmelte Paul und sah seinen Freund an. „Du hast doch immer irgendeinen Vorrat einstecken, Dom."

„Ähm, ja und?"

„Wir helfen dem Kleinen."

„Du willst, dass ich ...?"

Paul nickte. Ihn hatte das Mitleid gepackt. „Los, mach schon!"

Dominik verzog das Gesicht.

„Worauf wartest du, Mann? Schau ihn dir an. Er hat nichts. Er muss sogar Essen stehlen. Da geht es uns richtig gut dagegen."

„Stimmt auch wieder." Dominik zog einen ganzen Pack Hanutas aus der Jackentasche und betrachtete sie. „Aber müssen es gleich alle sein?"

Der Junge machte große Augen.

Paul nahm es Dominik ab und hielt es dem Jungen unter die Nase. „It is for you."

Der Junge blickte auf das Hanuta, dann auf Paul und dann wieder auf das Hanuta.

„Take it!"

Langsam streckte der Junge die Hand aus und nahm das Geschenk an. „Tttth... thank you", stotterte er. Dann drehte er sich um und rannte davon.

Paul rief ihm noch nach: „Hey, what's your name?"

Der Junge machte noch einmal kurz Halt und schrie durch die Gasse: „Moses!" Dann verschwand er.

„Moses?" Dominik schmunzelte. „Na, das kann ich mir gut merken."

Paul bedeutete Dominik zu gehen. „Ich weiß nicht, ob wir ihn je wiedersehen."

Mithilfe des Handys suchten sie sich eine Route aus dem Wirrwarr der vielen Gassen und Straßen, was gar nicht so einfach war. Immer wieder brach das Signal ab, zudem waren die Onlinekarten für diesen Teil der Stadt nicht besonders genau.

„Schau mal!", sagte Paul und zeigte auf die Karte des Handys. „Hier müssten wir am schnellsten zurückkommen. Also los!"

Sie unterhielten sich angeregt über das, was da eben passiert war, und waren gerade mal eine Straße weit gekommen, als es plötzlich einen lauten Knall gab, der durch die Gasse hallte.

Reflexartig zuckten die Jungs zusammen.

„Was war das?", erschrak Dominik und duckte sich.

„Klang fast wie ein ... Schuss", überlegte Paul. „Es kam von dort drüben."

Neugierig flitzten die beiden Jungs bis zum Ende der Gasse, in die Richtung, aus der der Knall gekommen war. Paul kauerte sich neben die Hausecke. Vorsichtig sahen sie sich um.

„Da ist niemand", flüsterte Dominik.

Paul kniff die Augen zusammen und murmelte: „Ich glaube, das stimmt nicht ganz." Er sah sich noch einmal in alle

Richtungen um, stand auf und ging langsam zur Mitte der kleinen Straße.

„Hey, wo willst du hin?“, zischte Dominik und folgte ihm.

Plötzlich blieb Paul stehen.

Jetzt erkannte Dominik auch den Grund dafür. „Ist das ein ...“

„... Falke. Denke ich“, vollendete Paul den Satz.

Dominik bückte sich nach unten. „Der sieht aber nicht gut aus.“

„Na ja.“ Paul kniete sich neben das reglose Tier. „Wenn der Knall wirklich ein Schuss war, dann könnte es sein, dass er angeschossen wurde.“

„Da hast du wohl recht. Er blutet.“ Dominik richtete sich wieder auf und sah sich um. Weit und breit keine Menschenseele. „Was machen wir jetzt?“

„Wir ... nehmen ihn mit“, erklärte Paul mit fester Stimme.

„Was machen wir?“, fragte Dominik ungläubig nach.

„Willst du ihn hier zurücklassen ... und sterben lassen?“

„Ich ... ähm ...“

Paul versuchte, den Falken vorsichtig zu untersuchen. Er hob einen Flügel leicht an. „Hier hat's ihn erwischt. Er ist noch ziemlich benommen.“

„Was machen wir, wenn er wieder zu sich kommt? Der Schnabel sieht scharf aus.“

„Ach, Dom. Sei doch nicht immer so negativ. Denk mal lösungsorientiert!“

Dominik verschränkte die Arme und runzelte die Stirn. „Aha. Und wie genau sieht deine Lösung aus?“

Paul überlegte kurz. Dann zog er seine Jacke aus und breitete sie auf der Straße aus. „Hiermit werde ich ihn sanft einwickeln, sodass er fixiert ist. Und dann brauch ich mal eine Socke von dir.“

„Du brauchst WAS?“, platzte es aus Dominik heraus.

Paul sah genervt zu Dominik auf. „Sag mal, hat der Knall dein Hörvermögen beeinträchtigt? Ich will eine Socke von dir.“

Dominik hob die Schultern und schüttelte verständnislos den Kopf.

Paul seufzte. „Ich hab leider selbst keine an, deshalb brauch ich eine von dir. Jetzt mach schon!"

In diesem Augenblick begann der Falke, sich zu bewegen, und stieß einige krächzende Laute aus.

„Los jetzt, schnell!"

Widerwillig zog Dominik eine Socke aus und hielt sie Paul unter die Nase.

Jetzt zappelte der Falke schon kräftiger.

„Uaaahhh!" Paul verzog das Gesicht. „Wann hast du die das letzte Mal gewechselt? Ach, egal. Halt mal die Jacke zu. Ich stülpe dem Falken jetzt vorsichtig die Socke über den Kopf. Sooo ... geschafft."

Als er die Socke auf dem Kopf hatte, wurde der Falke wieder ruhiger.

Dominik staunte. „Wow. Woher ...?"

„Discovery Channel. Das ist ein Fernsehsender, auf dem viele Natur-Dokus laufen. Weißt doch, bin vielseitig interessiert. Vor einiger Zeit habe ich eine Sendung über die Züchtung von Raubvögeln in den arabischen Ländern gesehen." Vorsichtig hob Paul den eingewickelten Vogel hoch, der wieder ein wenig herumzappelte.

Dann machten sie sich auf den Weg.

„Wusstest du zum Beispiel, dass die Falkenzucht bei vielen arabischen reichen Leuten total angesagt ist?"

„Ähm ... nein!?", antwortete Dominik und versuchte, sich auf die Handynavigation zu konzentrieren.

„Ich glaube, es war letztes Jahr, dass einer der teuersten Falken für fast eine halbe Million Dollar verkauft wurde."

„Alter Falter!"

„Japp. Die Besitzer solch edler Tiere scheuen keine Kosten, um sie fit zu halten und zu pflegen. Umso schlimmer, dass dieser hier angeschossen wurde. Ein wirkliches Prachtexemplar, soweit ich das beurteilen kann. Schönes weißes Gefieder mit einigen braunen Punkten. Ein schöner Falke."

Endlich erreichten sie den Treffpunkt. Samuel, Sarah und Markus kamen ihnen entgegengerannt.

„Wo seid ihr denn so lange geblieben?", fragte Markus aufgeregt. „Wir haben versucht, euch anzurufen, aber der Empfang ist hier wirklich schlecht."

„Und? Habt ihr ihn erwischt?", fragte Samuel neugierig.

Dominik gab Sarah die Tasche zurück und erzählte von ihrer kleinen Diebesjagd, als Markus' Blick auf Pauls dicke Jacke fiel.

„Paul? Willst du mir vielleicht etwas sagen?"

Paul holte tief Luft. „Dieser Falke ... ich glaube, er wurde angeschossen. Er ..."

„Wir waren gerade auf dem Rückweg, als wir den Schuss hörten."

„Ihr seid beschossen worden?" Entsetzt sah Sarah die beiden Jungs an.

„Nein, wir doch nicht. Wir wissen nicht einmal, wer geschossen hat. Aber als wir den Knall hörten, wollten wir uns das einmal anschauen."

„Glänzende Idee, dahin zu rennen, wo geschossen wird." Verständnislos schüttelte Samuel den Kopf.

Paul ergänzte: „Na, jedenfalls haben wir den blutenden Falken am Boden liegend gefunden. Ich konnte ihn einfach nicht zurücklassen."

Pauls Vater verschränkte die Arme und kratzte sich am Bart. „Wir müssen ihn zu einem Tierarzt bringen, und zwar schnell."

Gemeinsam eilten sie zum Treffpunkt am Park, wo Georgios bereits auf sie wartete.

„Oh ... wen ihr habt mitgebracht?", fragte Georgios erstaunt und betrachtete den eingepackten Gast.

„Wir müssen dringend zu einem Tierarzt. Schnell!", drängte Markus.

„Okay, los geht's!"

Alle sprangen ins Auto, und Georgios suchte auf seinem Handy eine Tierklinik. „*Ark Animal Care*“, murmelte er. „Ja, das könnte passen.“ Dann trat er aufs Gaspedal. Innerhalb weniger Minuten hatten sie ein großes Haus erreicht und stiegen aus. Georgios sprach mit der Dame an der Anmeldung, die sie daraufhin sofort herbeiwinkte und in einen Behandlungsraum führte. Es dauerte gar nicht lange, bis ein Tierarzt hereinkam.

„Hi, how can I help you?“, fragte er freundlich, während er Paul dabei half, den Falken aus der Jacke zu wickeln. Da entdeckte er die Socke. „Ah, very interesting idea.“

„Ich wusste mir nicht anders zu helfen“, erklärte Paul.

„Ah, wie ich sehe, seid ihr aus Deutschland.“

„Ja, genau“, nickte Paul. „Ich hab mal eine Tier-Doku gesehen, wo sie den Falken solche Hüte auf den Kopf gesetzt haben, um sie zu beruhigen. Ich dachte mir, etwas in der Art wäre für den verletzten Falken auch nicht schlecht.“

„Großes Kompliment!“, meinte der Arzt.

„Sie sprechen aber gut Deutsch“, staunte Samuel.

Der junge Arzt lächelte. „Das sollte ich auch. Immerhin bin ich selbst Deutscher. Nach dem Studium der Veterinärmedizin – also Tiermedizin – habe ich einige Jahre im afrikanischen Busch verbracht. Danach bin ich irgendwie in Ägypten hängen geblieben.“

„Das trifft sich super. Da müssen wir nicht erst unser Schulenglisch rauskramen“, lachte Dominik.

„So, nun zu unserem Patienten. Unschwer erkennbar – ein Jagdfalke. Ein Weibchen, um genau zu sein. Kräftige Muskulatur, charakteristisches Gefieder. Ein wirklich wunderschönes Exemplar.“

„Mit einer Schussverletzung“, warf Dominik ein.

Sarah wurde unruhig. „Äh, Herr Doktor? Wieso ... bewegt sie sich nicht mehr?“

„Hm ...“ Vorsichtig tastete der Arzt den Vogel ab. Plötzlich kniff er die Augen zusammen und rief in den Nebenraum:

„Schwester? Bereiten Sie sofort den OP-Raum vor. Wir müssen dringend eine Not-OP vornehmen."

Paul spürte einen dicken Kloß im Hals.

Sarah wagte nachzufragen. „Steht es so schlimm um sie?"

Der Arzt sah Sarah ernst an. „Sie könnte sterben. Wir werden tun, was in unserer Macht steht."

Der Scheich

Kapitel 7

Die nächste Stunde mussten Paul, seine Freunde, sein Vater und Georgios geduldig warten. Die Zeit schien stehen geblieben zu sein.

Rastlos lief Paul in dem kleinen Wartezimmer auf und ab.

„Mensch, Kumpel. Setz dich! Du machst mich noch ganz irre", schimpfte Samuel.

Widerwillig ließ Paul sich auf einen der freien Stühle sinken.

Da erschien der Tierarzt endlich wieder.

Paul sprang auf und lief ihm entgegen. „Und? Wie steht es um ihn ... äh, sie?"

„Nun, es geht ihr den Umständen entsprechend gut. Der Falke hat eine Wunde an der Unterseite des Körpers. Als sie vorhin das Bewusstsein verlor, vermutete ich innere Blutungen, die einen Schock ausgelöst haben. Allerdings war da nichts. Vermutlich hatte sie Glück im Unglück."

„Was soll das heißen?"

„Das Gefährlichste war im Grunde die blutende Wunde. Früher oder später wäre sie verblutet. Das heißt, ihr habt dem Falkenweibchen das Leben gerettet. Ich denke, in etwa einer Woche sollte sie sich weitgehend erholt haben. Wahrscheinlich ist das Trauma, das der Falke durch die Verletzung erlitten hat, die große Unbekannte in der Formel der Genesung."

„Wie meinen Sie das?", fragte Dominik irritiert.

Der Arzt seufzte. „Ich musste leider schon oft mit ansehen, wie sich Tiere, die Schlimmes erlebten, nicht richtig davon erholt haben."

„Sprechen Sie von PTBS?", wollte Markus wissen.

„PT-Was?" fragte Dominik kopfschüttelnd nach.

„PTBS ist die Abkürzung für Posttraumatische Belastungsstörung. Bei Menschen beobachtet man das schon seit langer Zeit. Nach einem schlimmen Ereignis entwickeln manche Menschen Angewohnheiten, die für alle anderen eigenartig erscheinen, oder sie ziehen sich ganz stark zurück. Bei Tieren ist das ein bisher nur wenig erforschter Bereich. Entsprechend meiner Beobachtungen bin ich allerdings der Meinung, dass es bei Tieren zumindest etwas Ähnliches gibt."

„Das klingt nicht so gut", murmelte Sarah.

„Ihr habt gesagt, sie sei angeschossen worden ... die Verletzung könnte durchaus von einem Streifschuss herrühren." Dann sah er Paul ernst an. „Und du sagst, ihr habt einen Knall gehört – den ihr als Schuss interpretiert habt –, und dann habt ihr den Falken auf der Straße liegen sehen?"

„Ja, genau", bestätigte Paul nickend.

„Hm ... wisst ihr, es ist bei Strafe verboten, auf Falken zu schießen. Der Besitzer wird ziemlich verärgert sein."

„Ach ja, den müssen wir auch noch ausfindig machen", fiel Markus ein.

Der Arzt winkte ab. „Das ist einfach. Jeder Zuchtfalke hat entweder einen Ortungschip implantiert oder einen Clip am Fuß. Unser Exemplar trägt einen Fußclip. Ich war so frei, den Besitzer bereits zu informieren. Er ist schon auf dem Weg und dürfte in etwa", der Tierarzt guckte kurz auf die Uhr, „zwanzig Minuten hier sein. Der Besitzer ist ... sagen wir mal so, er wird euch überraschen."

Samuel runzelte die Stirn und stöhnte. „Warum müssen die Leute eigentlich ständig um den heißen Brei herumreden?"

Der Arzt schmunzelte und verabschiedete sich.

Während Pauls Vater einige Notizen durchging, klebten Samuel und Dominik an Samuels Handy, der ihnen irgendetwas Lustiges zeigte.

Paul starrte derweil aus dem Fenster. Er malte sich aus, wie es wäre, selbst einen Falken zu besitzen und jagen zu gehen.

Plötzlich fuhr eine weiße Limousine vor und hielt direkt vor dem Haupteingang der Klinik.

„Wow!“, entfuhr es ihm.

Zuerst stieg ein Mann auf der Beifahrerseite aus und öffnete die Hintertür. Ein Mann mit schwarzer Sonnenbrille und weißem Gewand verließ das Auto und ging auf den Eingang zu, links und rechts flankiert von je zwei weiteren Männern.

„Kommen die etwa hierher?“, murmelte Paul.

„Was meinst du?“, fragte Sarah, die ihn nur halb verstanden hatte.

Im nächsten Moment wurden die Türen geöffnet, und die fünf Männer betraten das Gebäude. Der mittlere Mann verteilte diverse Anweisungen, die Paul nicht verstand.

Dann betrat die Krankenschwester von der Anmeldung das Wartezimmer. „Mr. Steinbach?“

„Yes?“

„You are expected. Please follow me!“

„Wir werden ... erwartet? Von wem?“

„Please follow me!“

Verwirrt und zugleich neugierig packte er seine Notizen ein und ging mit den Kids nach draußen.

Da stand er. Der Mann mit dem weißen Gewand, einer ebenso weißen Kopfbedeckung und der Sonnenbrille. Links und rechts von ihm standen seine Männer, wie eine Leibgarde.

„Guten Tag, mein Herr!“, begrüßte er Markus freundlich und verbeugte sich vor ihm. „Sie müssen der Vater dieser tüchtigen Kinder sein.“ Dabei zeigte er auf Paul, Sarah, Dominik und Samuel.

„Nun ja, nicht ganz. Paul ist mein Sohn. Dies sind seine Freunde“, antwortete Pauls Vater. „Mein Name ist Steinbach, Markus Steinbach.“

„Sehr erfreut, mein Herr. Ich bin Scheich Ahmed al-Zahyyid. Ich danke euch zutiefst für die Rettung meines Falken. Wer von euch hat ihn hierhergebracht?“

Zögernd trat Paul einen Schritt nach vorn. „Ähm, das ... war ich."

Der Scheich kam auf ihn zu und musterte ihn. „Wie ist dein Name, junger Herr?"

„Paul."

„Ich stehe tief in deiner Schuld, Herr Paul."

„Aber ich ..."

Noch ehe er etwas erwidern konnte, machte der Scheich eine Handbewegung, und einer der Männer, die bei ihm waren, legte Paul ein weißes Gewand mit goldenen Mustern an.

„Dieses Ehrengewand gehört nun dir, junger Herr. Als Zeichen meiner Dankbarkeit seid ihr alle in mein bescheidenes Heim eingeladen." Der Scheich drehte sich um und verließ die Klinik, seine vier Männer im Schlepptau. Doch bevor er seine Limousine bestieg, schaute er sich noch einmal um, winkte und rief: „Kommen Sie! Kommt!"

Paul sah seinen Vater fragend an.

Sein Vater seufzte. „Hm, warum nicht? Ich glaube, es wäre unhöflich, seine Einladung auszuschlagen."

Verwundert folgten sie dem Scheich nach draußen.

Erst jetzt bemerkte Paul, dass es schon dunkel wurde. Außerdem standen auf einmal zwei Limousinen vor dem Haus.

„Diese ist für euch", erklärte der Scheich und stieg in sein Auto ein.

Der Chauffeur des zweiten Wagens öffnete die Tür und lächelte freundlich.

„Geht ihr nur", sagte Georgios. „Ich euch kann später wieder abholen. Viel Spaß!"

Paul stieg als Erster in die Limousine und nahm auf den edlen, mit weichem Leder überzogenen Sitzen Platz.

Nachdem alle eingestiegen waren, schloss der Fahrer die Tür und setzte sich auf den Fahrersitz. Dann blickte er kurz über die Schulter und sagte: „If you need anything, push the red button there."

Dann ging es los. Fast unmerklich setzte sich der Wagen in Bewegung.

„Guck dir das mal an!“, rief Samuel. Er hatte ein Touchdisplay gefunden, auf dem Wetterdaten, Nachrichten und Aktienkurse zu sehen waren.

Dominik lachte auf. „Ich hab auch was gefunden – die Bar.“

Die Fahrt dauerte fast eine Dreiviertelstunde und führte in den Südosten von Kairo. Hier gab es viel weniger Verkehr. Die Limousine bog noch zweimal ab und fuhr dann langsam eine kleine Auffahrt entlang.

Paul blickte neugierig nach draußen und sah, wie ein großes Tor automatisch ausschwenkte und den Weg durch eine Palmenallee freigab.

Schließlich hielt der Wagen vor einem großen weißen Gebäude.

Paul und seine Freunde stiegen aus und staunten. Rings um das Haus erleuchteten viele Bodenstrahler die kunstvoll gestaltete Außenfassade des großen Hauses. „Meine Herren! Das also ist sein bescheidenes Heim?“, hauchte er.

„Palast trifft es wohl eher“, murmelte Samuel und stieß einen Pfiff aus.

Sofort kam ein Diener die breite Treppe herabgeeilt und verbeugte sich vor dem Scheich. Der gab einige Anweisungen, und sogleich flitzte der Mann wieder nach oben und verschwand im Haus. Dann kam der Scheich auf seine Gäste zu und verneigte sich noch einmal. Er machte eine einladende Handbewegung und sagte: „Willkommen! Willkommen in meinem bescheidenen Heim. Mein Haus ist euer Haus.“ Nun ging er voran und bedeutete seinen Gästen zu folgen.

Dominik runzelte die Stirn und raunte Markus zu: „Wie kann denn sein Haus unser Haus sein? Das kapier ich nicht.“

„Das ist eine typische Geste der Gastfreundschaft“, erklärte Markus. „Damit will der Gastgeber zeigen, dass man sich ganz wie zu Hause fühlen soll. Das ist aber nicht wörtlich gemeint!“

Samuel hatte Dominiks Frage mitbekommen und grinste. „Ich glaube, deine Füße solltest du hier lieber nicht auf den Tisch legen."

Oben angekommen fiel Paul die Kinnlade herunter. „Krass!", war alles, was er zustande brachte.

Andächtig betraten sie die große, von goldverzierten Marmorsäulen gesäumte Eingangshalle.

„Sind das Hieroglyphen?", fragte Dominik und betrachtete die Säulen.

Markus nickte. „Ja, das ist richtig. Hier ist die Rede von ... Horus, dem Falkengott. Hm ..."

„Falkengott?", rief Sarah erstaunt aus. „Das ist ja höchst interessant. Und zufälligerweise züchtet dieser Scheich Falken."

Paul winkte ab. „Das muss nichts zu bedeuten haben. In vielen arabischen Ländern werden Falken gezüchtet. Das ist quasi das Hobby der Reichen."

„Allerdings nimmt man an, dass der Ursprung dieses Hobbys durchaus in der Huldigung von Horus begründet ist", ergänzte Markus.

Interessiert hörte der Scheich zu und sagte schließlich: „Wie ich sehe, interessiert ihr euch für antike Geschichte. Dann seid ihr bei mir goldrichtig."

„Wie meinen Sie das?", fragte Dominik.

Der Scheich wies zur Seite, wo ein Diener eine Doppelflügeltür öffnete und sich vor dem Scheich verbeugte, als dieser vorüberging.

Neugierig folgten Paul und seine Freunde dem Scheich in den Nebentrakt des Hauses. „Ach, du meine Backe!", platzte es aus Dominik heraus. „Ich glaub, ich komm aus dem Staunen gar nicht mehr heraus." Fassungslos blieb er vor einem riesigen Glaskasten stehen. „Ist das ...?"

„... Pharao Tut...", reagierte der Scheich und stoppte sogleich.

„Eine Mumie!?" Sarah riss die Augen auf. „Die sieht so ... echt aus."

Der Scheich ging ganz dicht an die Glasscheibe heran, sodass durch seinen Atem die Scheibe beschlug. Stolz sagte er: „Sie *ist* echt!"

„Paps! Das musst du dir ansehen!", rief Paul nach draußen. Sein Vater war bei den Säulen in der Eingangshalle stehen geblieben.

Schnellen Schrittes kam er herein und betrachtete die Mumie. „Faszinierend." Plötzlich stutzte er, ging ein wenig um die riesige Vitrine herum, bückte sich und betrachtete das Objekt von allen Seiten. Dann sah er den Scheich erwartungsvoll an. „Sagen Sie, Herr Zahyyid, wo haben Sie diese Mumie her, wenn ich fragen darf? Sie ist entweder eine hervorragende Rekonstruktion oder aber ..."

„Wie ich Ihren Kindern schon sagte, sie ist echt." Dann machte der Scheich eine umfassende Handbewegung. „Alles, was Sie hier sehen, ist zweifelsfrei echt."

Markus schaute auf und machte großen Augen. „Sie belieben zu scherzen."

„Mitnichten!", antwortete der Scheich gekränkt. „Jedes Objekt, das ich in den letzten zwanzig Jahren gesammelt habe, ist ein Original."

„Aber wie ist das möglich?", fragte Paul staunend.

„Nun, es ist zweifellos weit mehr als ein ... Hobby. Ich sammle diese Objekte aus einem ganz bestimmten Grund."

„Und der wäre?", versuchte Samuel es ihm zu entlocken.

„Ich glaube, unser Mahl ist angerichtet. Ihr müsst hungrig sein. Soweit ich weiß, hattet ihr seit eurer Falkenrettungsmission noch keine Gelegenheit, euch zu stärken. Bitte, seid meine Gäste." Sogleich führte er sie in einen großen Saal, der nicht weniger zu beeindrucken wusste. Große Kristallleuchter hingen tief von der hohen Decke herab und erleuchteten den fast schon königlich anmutenden Speisesaal.

Als Paul sich neben Sarah setzte, flüsterte sie ihm zu: „Hast du bemerkt, wie er deiner Frage ausgewichen ist?"

Paul nickte. „Ja."

Samuel murmelte nachdenklich: „Irgendetwas stimmt hier nicht."

„Was?", hakte Dominik nach.

„Weiß auch nicht. Ist nur so ein Gefühl."

Nach einem ausgiebigen und äußerst schmackhaften orientalischen Abendessen schlug der Scheich vor, ihnen noch etwas anderes zu zeigen. Diesmal führte er sie in ein Nebengebäude. Wieder verneigte sich der Diener, der die Tür öffnete, als der Scheich vorüberging.

„Darf ich euch meine antike Spielzeugsammlung zeigen?"

„Noch eine Sammlung?", fragte Paul erstaunt. „Sie haben ja das reinste Museum hier."

Der Scheich winkte ab. „Wenn ich das so sagen darf, ein Museum habe ich nicht. Ich bezeichne meine Sammlung lieber als Fenster in die Vergangenheit. Viele Museen bergen allen möglichen Unrat. Meine Sammlung enthält nur auserlesene Kostbarkeiten. Zum Beispiel dieses hier. Wisst ihr, was das ist?" Er zeigte auf ein kleines, längliches Holzkästchen mit Hieroglyphen ringsum. Auf der Oberseite waren mehrere Felder zu sehen.

Alle schüttelten den Kopf.

„Dies ist das wahrscheinlich älteste Brettspiel der Welt. Es heißt Senet. Dieses Spiel wurde einst in einer ägyptischen Grabstätte gefunden, die aus prädynastischer Zeit stammt."

„Ich bin ... beeindruckt", murmelte Pauls Vater.

„Was bedeutet prädynastisch?", fragte Paul.

„Vereinfacht gesagt, bedeutet es so viel wie vor der Zeit der ägyptischen Dynastien der Pharaonen."

Samuel überlegte: „Das klingt alt."

„Über 5000 Jahre", antwortete Markus.

„Wow!", entfuhr es Dominik und Paul.

Sarah legte den Kopf zur Seite und musterte den Scheich. Dann fasste sie sich ein Herz und fragte: „Sagen Sie, warum stellen Sie diese wunderbaren Funde eigentlich nicht dem ägyptischen Museum zur Verfügung? So könnten viel mehr Menschen einen Blick in die Vergangenheit werfen."

„Das ist ganz einfach, junge Dame. Ich habe die Ausgrabungen finanziert. Mir steht das Recht zu zu entscheiden, was ich selbst behalte und was ich weitergebe."

„Das klingt aber egoistisch", monierte Dominik.

„Das würde ich nicht sagen." Der Scheich schüttelte den Kopf. „Es ist natürlich nicht so, dass ich der Welt die großen Schätze Ägyptens vorenthalten würde. Das Museum besitzt originalgetreue Nachbildungen. Kaum ein Besucher dürfte bemerken, dass es kein Original ist."

Mutig fragte Markus: „Stellen Sie Ihre Originale der Forschung zur Verfügung?"

„Dann und wann", antwortete der Scheich mit einem leichten Nicken.

Nun holte Markus tief Luft. „Verzeihen Sie, wenn ich unhöflich erscheine, aber ... meinen Sie, dass ich ...?"

Der Scheich setzte ein diebisches Grinsen auf und antwortete fast schon euphorisch: „Aber selbstverständlich, Herr Steinbach! Sie sind jederzeit willkommen, meine Sammlung zu untersuchen und zu erforschen. Einem Mann wie Ihnen kann ich diesen Wunsch doch nicht abschlagen."

„Äh ... wie meinen Sie das? Einem Mann wie mir?"

Der Scheich schüttelte den Kopf. „Ach nichts. Nur so eine ... Redensart. Verstehen Sie?"

„Oh. Ach so."

Samuel stutzte und flüsterte Paul zu: „Mein komisches Gefühl von vorhin – es ist wieder da. Ich weiß auch nicht. Aber ich könnte wetten, dass der Scheich deinen Vater irgendwoher kennt. Er weiß bestimmt mehr, als er uns sagt."

Paul wusste noch nicht, was er davon halten sollte.

Der Scheich schien nichts von Samuels Geflüster bemerkt zu haben. Er verneigte sich leicht vor Pauls Vater und sagte:

„Wenn Sie mögen, besuchen Sie mich gern morgen wieder, Herr Steinbach. Mein Heim steht Ihnen jederzeit offen."

Markus' Augen leuchteten. Dieses Privatmuseum schien das reinste Paradies für ihn zu sein. Er rief die Kinder zu sich und fragte: „Was meint ihr? Ob ihr auch einen Tag ohne mich zurechtkommt?"

„Aber klar, Paps!", antwortete Paul. „Nicht wahr, Freunde?"

Die anderen stimmten zu. „Wir schauen uns morgen noch ein wenig die Stadt an und ..."

In diesem Augenblick klingelte Markus' Handy. „Ja? Oh. Hm. Ein Motorschaden also. Du kannst uns nicht abholen?"

„Gibt es ein Problem?", schaltete sich der Scheich ein.

„Einen Moment, bitte", sprach Markus ins Handy. Dann wandte er sich an den Scheich und erklärte: „Ja, das kann man so sagen. Unser Fahrer wollte sich gerade auf den Weg machen, um uns wieder abzuholen. Doch das Auto ist offenbar ganz unerwartet kaputtgegangen."

„Darf ich Ihnen anbieten, einen meiner Fahrer zu nehmen?"

Markus winkte ab. „Auf keinen Fall. Wir können Ihnen doch nicht die ganze Zeit zur Last fallen."

Doch der Scheich ließ keinen Widerspruch zu. Freundlich beharrte er auf seinem Angebot. „Ich bestehe darauf! Sie sind meine Gäste, und ich betrachte es als meine Pflicht, für Ihr Wohlergehen zu sorgen."

Markus schien nachzudenken. Schließlich wandte er sich wieder dem Handy zu und sagte: „Georgios? Scheich al-Zahyyid bot uns gerade an, uns zu fahren. Für die Heimfahrt ist also gesorgt. Einen schönen Abend noch. Tschüss!"

„Mein Fahrer steht Ihnen natürlich auch die nächsten Tage zur Verfügung, Herr Steinbach. Ihnen und den Kindern."

Gemeinsam gingen sie wieder nach draußen und blieben am Eingang stehen.

„Vielen Dank, Herr Scheich Ahmed al-Zahyyid", bedankte sich Sarah höflich.

Der Scheich verbeugte sich vor ihr und sagte lächelnd: „Das ist doch selbstverständlich, meine Dame."

In diesem Moment kam ein Fahrradkurier angerast, bremste scharf ab und sprang vom Rad. Eilig warf er das Fahrrad ins Gebüsch und hastete zum Scheich. Er verbeugte sich tief und überreichte einen Brief.

Der Scheich überflog das Dokument und wurde ärgerlich. In arabischer Sprache schien er zu schimpfen. Der Kurier wurde immer kleiner. So wirkte es zumindest. Mit hängendem Kopf verließ er den Scheich und schob das Fahrrad in die Richtung eines kleinen Nebengebäudes.

Sogleich winkte der Scheich dem Fahrer, der kurz darauf mit der schon bekannten Limousine vorfuhr. „Ich freue mich, so freundliche und ... vielseitige Gäste zu haben. Euch allen eine gute Nacht. Ich bin schon gespannt auf euren morgigen Besuch. Ihr seid alle eingeladen."

Nachdem sie ins Auto eingestiegen und losgefahren waren, raunte Paul seinem Vater eine Frage zu: „Paps, hast du verstanden, was der Scheich dem Kurier gesagt hat? Es klang irgendwie ... ernst, fast schon verärgert."

„So richtig habe ich ihn nicht verstanden. Mein Arabisch ist nicht besonders gut. Auf jeden Fall hat er sich über den Ungehorsam des Kuriers beschwert. Viel mehr konnte ich nicht heraushören."

An diesem Abend fielen alle fünf todmüde ins Bett und schliefen sofort ein.

Der Kurier

Kapitel 8

Am nächsten Morgen saßen alle gemeinsam beim Frühstück, als eine alte Bekannte zu ihnen stieß.

„Hallo, Markus, Paul, Sarah, Dominik und Samuel!"

„Hi, Clara!" Paul reagierte sofort, stand auf und bot ihr einen Platz an. Nachdem er seinen persönlichen Groll gegen die Archivarin endlich beiseitegeschoben hatte, konnte er ihr sogar freundlich gegenübertreten.

„Na?", erkundigte sie sich. „Wie ist es euch inzwischen so ergangen?"

Dominik preschte vor. „Wir wurden von vermummten Männern aufgehalten, als wir einen Dieb jagten."

„Und dann haben wir einen angeschossenen Falken gerettet", verkündete Paul stolz.

Sarah fügte an: „Der Besitzer – ein reicher Scheich – hat uns zum Dank in seinen Palast eingeladen."

„Wow!", staunte Clara. „Da habt ihr ja schon ganz schön was erlebt."

„Vergessen wir nicht Markus' neues Paradies", ergänzte Samuel grinsend.

Markus wurde ganz rot im Gesicht. „Ach ... wieso ... Paradies? Nun ja. Vielleicht ein bisschen."

„Was meint ihr?", fragte Clara neugierig und nahm einen Schluck Kaffee.

Es schien Markus etwas peinlich zu sein. „Also, besagter Scheich – Ahmed al-Zahyyid – verfügt über ganz erstaunliche Fundstücke altägyptischer Geschichte."

„Sogar eine echte Mumie hat er", rief Dominik dazwischen, während er auf einem Brötchen herumkaute.

Markus guckte auf die Uhr und biss schnell noch einmal von seinem Croissant ab. „Er hat mich eingeladen, einige Nachforschungen an seinen Exponaten durchzuführen. Das ist eine einmalige Gelegenheit, die ich mir nicht entgehen lassen möchte. Clara, komm doch mit. Der Scheich hat bestimmt nichts dagegen. Wahrscheinlich freut er sich sogar, eine ausgewiesene Expertin in Sachen antikes Ägypten dabeizuhaben."

„Ja, warum nicht?", sagte Clara nickend. „Meine letzte wissenschaftliche Untersuchung ist zwar schon eine Weile her, aber ich glaube, ich hab's noch drauf."

Punkt acht Uhr wurden sie von der weißen Limousine abgeholt.

„Meine Güte!", staunte Clara. „Ihr habt euch aber ganz schön gesteigert. Jetzt werden wir sogar schon in einer luxuriösen Limousine herumkutschiert."

„Tja, kannste mal sehen!" Stolz verschränkte Dominik die Arme. Frech grinsend fügte er an: „Das ist ja auch angemessen. Immerhin sind wir das berühmte Entdeckerteam der sieben Testamente!"

„Pssst! Nicht so laut!", zischte Paul. „Wer weiß, wer alles zuhört."

Dominik zog eine Augenbraue hoch. „Hier, im Auto?"

„Schon mal was von Abhörwanzen gehört?", fragte Samuel etwas genervt. „Hast du den letzten Abhörversuch vom Markt schon vergessen?"

Auf einmal schwiegen alle. Keiner von ihnen wusste so recht, ob Samuel übertrieb oder es stimmen könnte.

Schließlich erreichten sie das Anwesen des Scheichs.

Der Diener kam herbeigeeilt und öffnete die Autotür. „Willkommen!", sagte er freundlich und begleitete die Gäste nach drinnen.

„Beeindruckend!", murmelte Clara, die das pompöse Anwesen ja zum ersten Mal betrat. „Das ist eine ganz außergewöhnliche Eingangshalle."

„Ja, allerdings", stimmte Markus ihr zu. „Schau dir das einmal an!" Er führte sie hinter die erste Reihe von Säulen, wo sich eine weitere Säulenreihe befand. Die bestanden aber nicht aus Marmor, sondern aus Sandstein.

„Die sehen echt aus", mutmaßte Sarah. „Die Inschriften sind ganz verwittert.

Clara tastete die Hieroglyphen ab und murmelte etwas Unverständliches.

In diesem Moment erschien der Scheich. „Hallo, meine Freunde!", begrüßte er sie höflich und verneigte sich.

Diesmal taten es ihm seine Gäste gleich.

„Haben Sie vielen Dank für die großartige Chance, Ihre seltenen Fundstücke zu untersuchen", sagte Markus und stellte die Archivarin vor. „Darf ich vorstellen? Clara Goldstein Zyper-Mayer. Archivarin und Ägyptologin."

„Ah, ja. Ich ... verstehe." Der Scheich musterte sie eingehend und schien auf einmal etwas geistesabwesend.

Markus brach das kurze Schweigen und sagte: „Ich hoffe, es ist in Ordnung, dass ich sie mitgebracht habe. Sie ist eine Freundin und Arbeitskollegin. Ich dachte mir, sie kann uns hier sicher sehr behilflich sein."

Der Scheich neigte den Kopf leicht zur Seite und kniff die Augen ein wenig zusammen.

Paul nahm wahr, wie er offenbar die Zähne zusammenbiss, sodass sich seine Kieferknochen bewegten.

Doch dann, als wäre nichts gewesen, sagte er plötzlich: „Oh, aber selbstverständlich. Hilfe ist immer willkommen! Meine Dame, mein Herr, bitte folgt mir!" Dann führte er sie in den rechten Gebäudeflügel, in dem sich die Mumie befand.

„Bis dann!" rief Pauls Vater, schon halb verschwunden.

Kurz darauf kam der Scheich zurück und erklärte den Kindern: „Ihr könnt euch gerne auf meinem Anwesen aufhalten. Bis auf einige wenige Bereiche dürft ihr überall hin. Ich muss noch einige ... Dinge erledigen und bin für ein paar Stunden unterwegs. Fühlt euch ganz wie zu Hause. Benutzt gerne den Pool, wenn ihr mögt." Zur Verabschiedung verneigte er sich.

„Hm ... was machen wir denn jetzt?", fragte Sarah in die Runde. „Ich wollte eigentlich noch ..."

„Na, ist doch klar!", rief Dominik dazwischen und stürmte in den Innenhof.

Mit fragenden Blicken folgten ihm seine Freunde. Doch sofort war klar, was er meinte. Er hatte seine Hose und sein T-Shirt ins Gras geworfen, nahm Anlauf und klatschte mit vollem Schwung ins kalte Nass.

„Juhuu!" Ausgelassen plantschte er im Pool und winkte seinen Freunden.

Samuel stupste Paul grinsend an: „Wenn wir noch lange warten, ist der Pool leer."

„Du hast recht, Sam", antwortete Paul lachend. „Wir müssen unseren Dom unbedingt bändigen."

So taten es Paul und Samuel ihrem Freund gleich: Sie sprangen in den Pool und erfrischten sich ausgiebig.

„Komm, Sarah! Das Wasser ist herrlich!", rief Samuel.

Sarah war schon dabei, ihr Shirt abzustreifen. „Ich komm ja schon. Macht mal nicht so einen Stress."

Die nächsten Minuten war ausgelassenes Plantschen, Springen, Schwimmen, Tauchen und Wasserfangen angesagt. Als sie erst einmal genug davon hatten, machten sie es sich auf den Liegen bequem und ließen sich von der warmen Sonne die Haut trocknen.

Unterdessen kam der Hausdiener und brachte ein Tablett mit Erfrischungsgetränken.

„Aaahhh", machte Dominik zufrieden. „So lass ich mir Urlaub gefallen."

„Sei mal still!", rief Samuel auf einmal.

„Hä?"

„Pssst!"

Samuels Freunde hielten die Luft an.

„Hört ihr das?“

Paul richtete sich auf. „Ruft da jemand?“

Samuel stellte sich neben ihn und horchte. „Klingt wie ein Hilferuf.“

„Hier? Im Palast?“, fragte Sarah verwirrt und stellte die Limo ab.

„Keine Ahnung“, sagte Paul. „Aber wir sollten der Sache auf den Grund gehen. Was meint ihr?“

Paul und seine Freunde zogen sich schnell an und schlichen sich leise ins Haus. Von den Bediensteten war nur selten etwas zu sehen. Sie hatten offenbar den Befehl, sich im Hintergrund zu halten.

Samuel führte den Trupp in eine bestimmte Richtung. „Ich glaube, das kam von da drüben.“

„Dann los!“

Langsam schlichen sie bis zu einer Tür mit einer gelben Aufschrift.

„Oha, da steht *Restricted Area* drauf. Das bedeutet doch so viel wie *Sperrgebiet*“, erkannte Paul. „Ich schätze mal, das hier ist der Ort, den wir nicht betreten dürfen.“

„Aber wenn doch jemand unsere Hilfe braucht?“, warf Sarah ein.

„Achtung, da kommt jemand!“, rief Dominik.

Schnell huschten sie in einen Seitengang und versteckten sich hinter einem großen Schrank.

Vorsichtig lugte Paul um die Ecke und beobachtete einen Mann in weißem Laborkittel, der gerade die Tür aufschloss.

Da kam der Diener des Scheichs und rief den Mann. Schnell eilte er davon.

„Na super!“, freute sich Paul. „Der hat vergessen, wieder abzuschließen.“ Paul führte seine Freunde zur Tür zurück und drückte die Türklinke herunter. „Es ist offen!“

„Dann rein da!“, ermutigte Samuel ihn.

„Ich bin gespannt, was uns da erwartet“, flüsterte Dominik.

Paul drückte die Tür einen Spalt weit auf und spähte hinein. „Da führt eine kurze Treppe nach unten. Vermutlich ins Kellergeschoss. Kommt! Wir schauen uns das mal an."

„Meinst du wirklich?" Sarah hielt ihn am Arm fest.

„Wolltest du nicht gerade noch helfen?", fragte Samuel.

„Ja, schon. Aber jetzt ... ich weiß auch nicht."

„Wer nicht wagt, der nicht gewinnt", meinte Paul, öffnete die Tür und stieg die Treppe hinab.

Dominik und Samuel folgten ihm.

„Na los! Worauf wartest du?", rief Samuel Sarah zu, die noch immer unschlüssig an der Tür stand.

„Ich ... ich warte hier auf euch, okay?"

„Meinetwegen", antwortete Samuel und ging weiter.

Am Ende der Treppe befand sich eine weitere Tür.

„Eine dicke Stahltür", stellte Samuel fest. „Was verstecken die hier unten?"

„Oder wen?", ergänzte Dominik.

Paul legte die Hand an den Verriegelungshebel der Stahltür und guckte seine beiden Freunde an.

Die nickten ihm zu.

Langsam drückte er den Hebel ganz nach unten, bis es Rumms machte und sich die Verriegelung löste. Paul musste mit beiden Händen an der Tür ziehen, um sie aufzubekommen. Sie betraten einen schmalen Gang, an dessen linker Seite sich mehrere Türen mit kleinen Fenstern befanden.

Samuel sah in eines der Fenster hinein und winkte Paul herbei. „Hey, guck mal! Kommt dir das irgendwie bekannt vor?"

Langsam schob Paul den Kopf vors Fenster und blickte hindurch. „Das erinnert mich an die Schmugglerhöhle in Schottland."

„Genau! Ob der Scheich hier seine Fundstücke untersuchen lässt?"

„Schon möglich. Aber was soll die Geheimniskrämerei?"

„Was habt ihr gesehen?", erkundigte sich Dominik.

Paul erklärte: „Hier unten befindet sich ein kleines Labor, um antike Objekte zu untersuchen."

„Ach, wirklich? Das finde ich jetzt aber mysteriös. Wieso sind dein Vater und Clara dann nicht hier unten zum Forschen, sondern oben in der Ausstellung?"

„Das ist eine gute Frage!", überlegte Samuel. „Das bestätigt mein Gefühl von gestern. Ich hatte die ganze Zeit den Eindruck, dass hier etwas nicht stimmt. Irgendwas verheimlicht uns der Scheich."

„Hello?"

„Äh, was?" Paul fuhr herum. Aber da war niemand. „Habt ihr gerade Hallo gerufen?", fragte er seine Freunde.

„Was? Nee." Dominik schüttelte den Kopf. „Wir stehen doch neben dir. Wieso sollen wir denn ...?"

„Hello? Can you hear me?"

„Da. Schon wieder. Da ruft doch jemand."

Samuel räusperte sich und fragte zurück: „Hello? Who are you?"

„My name is Essam", antwortete ein junger Mann.

„Where are you?", erkundigt sich Samuel.

„I'm over here."

„Das kommt von da oben", erkannte Paul und wies auf eine Leiter, die nach oben führte.

Nacheinander kletterten sie nach oben und betraten einen schummrig beleuchteten Gang, der nur wenig Sonnenlicht durch kleine Schlitze an der Decke hineinließ.

„Where are you, Essam?"

„Over here!"

„Was sind das für Türen hier? Mit Gitterstäben oben dran. Sieht fast aus ... wie ein Gefängnis." Dominik schauderte.

„Offenbar entdecken wir gerade eine ganz andere Seite unseres freundlichen Gastgebers", murmelte Samuel. „Hier müsste es sein. „Essam?"

„Yeah. I am here!"

„Why where you eingesperrt ... äh ... imprisoned?“, fragte Samuel ihn.

„Ich können sprechen etwas Deutsch.“

Paul fragte noch einmal: „Warum bist du eingesperrt?“

„Kurier des Scheich ich bin. Scheich erwarten absoluten Gehorsam. Ich nicht war.“

„Was hast du angestellt?“, erkundigte sich Dominik.

„Äh, wie? Sorry, did not understand you.“

„Ich meine, was hast du getan? Wie warst du ungehorsam?“

„Ah, das meinen. Ich nicht dürfen ... wie sagt man ... in Offentlichkeit Scheich treten in Gesicht.“

„Bitte was?“, lachte Dominik.

„Hey, bleib doch mal ernst, Mann!“, rügte Samuel ihn. „Er wollte sicher damit sagen, dass er dem Scheich nicht öffentlich gegenübertreten darf.“

„Ja. Yes. Das richtig.“

Paul hob die Augen. „Ach, jetzt verstehe ich. Du bist der Fahrradkurier von gestern. Der Scheich hat dich beschimpft.“

„Ja ... seit einigen Wochen er ist sehr gespannt an und sehr ernst. Er sagen, wichtige Entdeckung für Auftraggeber.“

„Hast du eine Ahnung, worum es dabei geht?“, fragte Samuel.

„Hm ... etwas mit Siegel des Falken und Schlange. Ich nicht genau weiß.“

Dominik machte große Augen. „Siegel des Falken?“

Samuel legte den Finger auf den Mund und bedeutete Dominik, nichts weiter zu sagen. „Wie können wir dir helfen?“

„Holt mich raus! Scheich haben gesagt, wenn wiederkehren, er sich um mich kümmern.“

Samuel presste die Lippen zusammen und murmelte: „Das klingt nicht gut. Wir müssen ihn befreien. Und zwar schnell! Wer weiß, was sonst mit ihm geschieht.“

„Ganz deiner Meinung“, bestätigte Paul. „Aber wie stellen wir das an? Diese vergitterte Tür macht einen stabilen Eindruck.“

Dominik meinte: „Warum immer so kompliziert denken? Schaut mal, hier hängt ein simples Vorhängeschloss dran.“

„Dom, du bist super! Jetzt brauchen wir nur noch einen Bolzenschneider.“

Die Jungs blickten sich um und suchten fieberhaft nach einem Werkzeug, mit dem sie das Schloss knacken könnten.

Die Suche war schnell zu Ende.

„So ein Mist!“, grummelte Samuel. „Hier liegt einfach nichts Brauchbares herum.“

„Warte mal“, warf Paul ein. „Ich bin mir nicht sicher, aber ich glaube, unten eine Stange gesehen zu haben. Ich klettere schnell runter und schau mal nach.“ Die Stange war schnell gefunden, und Paul kletterte damit wieder nach oben.

Dominik beäugte die etwa einen Meter lange dünne Metallstange. „Was willst du denn damit anfangen?“

Samuel kam dazu und nickte. „Ich kann's mir vorstellen. Das soll bestimmt ein Hebel sein, um das Vorhängeschloss aufzubrechen.“

„Jepp. Das ist die Idee. Ich hoffe nur, die Stange ist stabil genug.“ Paul steckte die Stange von oben in das Loch unter dem Bügel des Vorhängeschlosses und hängte sich dran. „Uhhh ... ich bin zu leicht. Helft mir mal!“

Mit vereinten Kräften hängten sich alle drei Jungs an die Stange und zogen sie nach unten. Das Vorhängeschloss gab langsam unter Knarren nach. Doch auch die Stange begann, sich zu verbiegen.

„Los, Leute! Ziehen!“

Sie nahmen noch einmal alle Kraft zusammen und zogen.

Mit einem lauten Knall sprang das Schloss auseinander, und die Jungs purzelten mit voller Wucht zu Boden.

„Aua!“

Samuel rappelte sich auf, zog den Rest des Schlosses von der Tür und öffnete sie. Quietschend und knarrend gab sie schließlich nach.

„Essam!“, rief Paul. „Du bist frei!“

„Danke! Thank you! You are mein Retter!“, rief er überglücklich.

Samuel mahnte zur Eile. „Ich will keine Hektik verbreiten. Aber wir sollten uns schnellstens verdrücken. Wir haben keine Ahnung, wann der Scheich zurückkommt.“

„Du hast recht“, stimmte Paul zu und delegierte sein Team zurück zur Tür.

Oben angekommen, erwartete Sarah sie bereits. „Da seid ihr ja endlich! Und ihr habt jemanden dabei.“

„Essam, mein Name.“

„Oh, hallo, Essam. Schön, dich zu sehen.“

Auf einmal entstand Unruhe im Haus, und mehrere Diener liefen schnell hin und her.

„Der Scheich ist wieder da“, flüsterte Essam aufgeregt.

„Nichts wie weg hier!“, rief Dominik und rannte los.

Doch weit kam er nicht. Wie aus dem Nichts tauchte plötzlich ein schwarz vermummter Mann vor ihm auf. „Stopp!“, rief er laut.

„Nein!“, schrie Samuel und wollte in die andere Richtung laufen.

Doch von dort kamen auch zwei Männer auf sie zu.

„So ein Mist! Wir sitzen in der Falle!“

Auf der Flucht

Kapitel 9

Die schwarz vermummten Männer drängten Paul, seine Freunde und Essam in die Enge.

„Wohin des Weges?", erklang eine ruhige Stimme hinter den Männern. Sie traten zur Seite und machten dem Scheich Platz.

„Wir ... äh ..."

„Hatte ich euch nicht exakte Anweisungen gegeben? Ich hatte mich klar ausgedrückt, als ich erklärte, was ihr hier dürft und was nicht. Ihr missbraucht meine Gastfreundschaft."

„Aber wir ..."

„Schweigt!", rief der Scheich verärgert. „Ihr müsst offenbar lernen, was es bedeutet, gehorsam zu sein."

In diesem Moment klingelte irgendwo ein Telefon. Kurz darauf wurde der Scheich gerufen. Bevor er ging, rief er den Männern zu: „Bindet sie an die Stühle da, und dann geht zurück."

„Aua!", jammerte Sarah. „Nicht so fest!"

„Hey, Sie Rüpel!", beschimpfte Dominik den Mann, der ihn fesselte.

Doch der ignorierte ihn einfach. Nachdem die Gefangenen alle gefesselt worden waren, verschwanden die Männer genauso unauffällig, wie sie erschienen waren.

Da kam der Scheich zurück. „So, und nun zu euch."

„Sie können uns doch nicht einfach hier festhalten. Das ist Entführung!"

„Entführung?" Der Scheich lachte und setzte ein fieses Grinsen auf. „Irrtum. Ihr seid freiwillig in mein Haus gekommen. Niemand hat euch dazu gezwungen."

„Das gibt Ihnen nicht das Recht, uns gefangen zu nehmen", beschwerte sich Samuel.

„Warum habt ihr euch dort herumgetrieben, wo eindeutig der Zugang verboten ist? Ihr solltet lesen können."

Dominik grummelte: „Ganz einfach. Wir haben jemanden um Hilfe rufen hören und wollten helfen. Ist das so ungewöhnlich?"

Mit bösen Blicken schaute der Scheich Essam an, der am liebsten im Erdboden versunken wäre. Dann wandte er sich wieder den Kindern zu und sagte: „Ihr könnt es drehen und wenden, wie ihr wollt. Es war auf jeden Fall ungehorsam. Fragt meinen Kurier doch einmal, was ich mit ungehorsamen Mitarbeitern mache."

Paul wandte sich an den jungen Mann, den sie soeben gerettet hatten. „Was meint er damit, Essam?"

„Er ... er mich hat auspeitschen lassen, bevor ich in Gefängnis gesteckt wurde."

„WAAAS?" Sarah war außer sich. „Sie Mistkerl!"

„Na, na, na! So etwas ziemt sich einer jungen Dame nicht", sagte der Scheich. „Eines ist doch klar, ihr habt euch in meine Angelegenheiten eingemischt. Dafür werdet ihr jetzt ..."

Da kam einer der Diener und flüsterte dem Scheich etwas ins Ohr. „Nicht weglaufen! Ich bin gleich wieder bei euch", sagte er und ging nach draußen.

„Ha, ha! Echt witzig", motzte Dominik.

„Sag mal, hast du was von deinem Vater gehört?", fragte Samuel Paul.

Paul schüttelte den Kopf. „Nein, weder von ihm noch von Clara. Gut möglich, dass sie gar nicht mitbekommen haben, was hier vorgeht."

„Oder aber doch", korrigierte Sarah entsetzt.

„Wie meinst du das?" Doch im nächsten Moment verstand er. Zwei Diener des Scheichs trieben Markus und Clara gefesselt vor sich her und setzten sie den Kindern gegenüber.

„So, meine Freunde. Nun lasst uns noch einmal reden."

In diesem Augenblick klingelte wieder das Telefon, und der Scheich wurde erneut gerufen. „Meine Herren!", regte er sich auf und ging nach draußen.

„Kinder, alles in Ordnung bei euch?", fragte Markus sogleich.

„Ja. Bis auf den Umstand, dass wir gefesselt sind", grummelte Paul.

Clara erkundigte sich nach dem Unbekannten. „Wer ist denn euer Freund?"

„Ach, das ist Essam. Ein Fahrradkurier, der beim Scheich in Ungnade gefallen ist."

„Oh."

„Wir haben ihn gerade aus seiner Gefängniszelle befreit, als wir von den Wachen erwischt wurden."

„Gefängnis?"

Samuel machte ein verdrießliches Gesicht. „Der Scheich spielt ein doppeltes Spiel. Nach außen der freundliche Gastgeber, aber hinter der Fassade steckt etwas Schreckliches."

„Die Schlangen!", platzte Paul dazwischen.

„Die WAS?", fragte Samuel irritiert nach.

Paul grübelte. „Als wir auf dem Basar hinter dem Dieb her waren, um Sarahs Tasche zurückzuholen, wurden wir von zwei schwarz vermummten Männern aufgehalten. Genau solchen Typen wie die von eben. Bei einem der Männer habe ich ein Schlangentattoo auf dem Arm entdeckt."

Sarah runzelte die Stirn. „Wenn ich mich recht erinnere, trug der Kerl, der mir diese komische Kette vermachen wollte, auch so ein Tattoo. Zufall?"

„Was ist daran so besonders?", wollte Dominik wissen. „Ich mein, Tattoos hat doch heute fast jeder."

Paul fuhr fort: „Ja, schon, aber dieses war ziemlich speziell, einzigartig, sehr kunstvoll. Und es sah für mich sehr antik aus. Was aber viel wichtiger ist: Der Scheich trägt das gleiche Tattoo."

„Ach was!?“

„Exakt.“

Dominik kniff die Augen zusammen und überlegte. „Paul, hast du nicht gesagt, dass in dem komischen Raum das Symbol einer Schlange auf der Wandverkleidung zu sehen war?“

„Ja, du hast recht. Und wenn ich nicht irre, war das sogar die gleiche Schlange wie auf den Tattoos.“

„Du meinst, da gibt es einen Zusammenhang?“, überlegte Sarah.

„Gut möglich.“

Auf einmal wurde Essam unruhig. „Ich glaube, ich weiß, was bedeuten. Es geben Gerücht von einer Bruderschaft der Kobra. Ich nicht weiß, was sie tun. Aber durch die vielen Dokumente, ich habe überbracht, ich weiß, dass sie suchen ein Siegel des Falken.“

„Moment mal, Siegel des Falken?“, wiederholte Markus erstaunt. „Auf der Landkarte, die ich euch gestern gezeigt habe, befindet sich ein Falkensymbol. Seit der Sache im Hotel trage ich sie die ganze Zeit bei mir. Wenn wir wieder hier raus sind, zeige ich euch ...“

In diesem Augenblick kehrte der Scheich zurück.

„Habe ich das richtig gehört? Sie haben die Karte, die wir suchen?“

Markus hob die Augenbrauen hoch. „Ich, äh ... wovon sprechen Sie?“

Mit einem künstlichen Lächeln sagte der Scheich: „Mein lieber Herr Steinbach, wären Sie so freundlich, mir die Karte auszuhändigen?“

Doch Markus hob unwissend die Schultern. Der Scheich beugte sich zu Markus hinunter und flüsterte ihm zu: „Bitte unterschätzen Sie mich nicht. Sie konnten die Karte im Hotel vor mir verbergen. Doch jetzt ...“

„Ach, Sie stecken hinter dem Kofferdiebstahl?“, rief Samuel verärgert.

„Jetzt gleich, bitte!“, wiederholte der Scheich seine Forderung.

Markus schüttelte den Kopf. „Ich ... ich weiß nicht, wovon Sie sprechen.“

„Sagen Sie“, sprach der Scheich ganz ruhig und richtete sich zu voller Größe auf, „wird lügen als höflich angesehen, da, wo Sie herkommen?“ Mit einer Handbewegung beorderte er einen Diener herbei, der bereits Markus‘ Tasche in der Hand hielt und sie nun von oben bis unten untersuchte. Doch schließlich schüttelte er nur den Kopf.

Nun wurde der Scheich zunehmend ärgerlicher. „Also gut. Allem Anschein nach muss ich Ihnen erst einmal den Ernst der Lage verdeutlichen.“ Er machte eine weitere Handbewegung, und einer der schwarz vermummten Männer tauchte hinter den Kindern auf.

„Moment!“, rief Markus schnell. „Warten Sie! Das ... das ist nicht nötig.“

„Ach ...“, murmelte der Scheich, „erinnern Sie sich jetzt doch an die Karte?“

Markus presste die Lippen zusammen und holte tief Luft. „Schon gut. Die Innentasche meiner Jacke. Sie ist in meiner Jacke.“

„Paps!“

„Haben Sie vielen Dank, Herr Steinbach. Ich wusste doch, dass Sie ein vernünftiger Mensch sind.“

Sogleich griff der Diener in Markus‘ Jacke, zog ein Briefkuvert heraus und überreichte es dem Scheich mit einer Verbeugung.

Er öffnete es und zog die zusammengefaltete Landkarte heraus. „Wunderbar! Seien Sie doch noch eine Weile meine Gäste“, murmelte er und verließ den Raum, ganz in die Landkarte vertieft.

„Wir müssen dringend hier verschwinden“, mahnte Samuel. „Was auch immer sie vorhaben, es kann nichts Gutes sein.“

Jetzt meldete sich auch Clara zu Wort. „Was ist das für eine Karte?“

Markus erklärte ihr, dass es die Karte war, die er per Kurier von Dr. Salvini zugesandt bekommen hatte. „Ich habe inzwischen herausgefunden, dass ein Teil der Karte zu einem Teil von Kairo passt – ganz in der Nähe der *Al Azhar Moschee.* Es gibt allerdings noch viele weitere Symbole und Zeichnungen, mit denen ich noch nichts anfangen kann."

„War das nicht dort, wo wir den Taschendieb verfolgt haben?", überlegte Paul.

Clara dachte nach. „Demnach hat die Karte vermutlich etwas mit den Testamenten zu tun."

Samuel stutzte: „Aber dann müssen wir daraus schließen, dass der Scheich hinter dem fünften Testament her ist. Was will er damit?"

„Die viel dringendere Frage ist doch gerade eher – was können wir jetzt machen?", warf Sarah ein.

„Ganz ... einfach", presste Paul hervor, während er sich drückend, ziehend und windend aus seiner Fessel befreite. „Wir verschwinden!"

„Beeindruckend!", flüsterte Clara. „Wie hast du das gemacht?"

Paul grinste. „Übung!" Dann befreite er Sarah und seinen Vater. Schließlich befreiten Paul und Sarah noch Dominik und Samuel, während Markus sich an Claras Fesseln zu schaffen machte.

Gerade als Dominik seine Fesseln abstreifen konnte, hörten sie Schritte.

„Paps, mach schnell! Da kommt jemand."

Verzweifelt versuchte er, Claras Fesseln aufzuknoten. „So ein Mist", keuchte er. „Das Seil klemmt ..."

Essam kletterte bereits aus einem Fenster und winkte die anderen herbei. „Kommt, schnell!"

„Puhhh ... es hilft nichts. Ich schaffe es nicht." Markus sah seinen Sohn ernst an. „Schaff deine Freunde hier raus. Bringt euch in Sicherheit!"

Paul blickte seinen Vater entsetzt an. „Und du?"

„Ich ... bleibe hier, bei Clara. Ich kann sie nicht allein zurücklassen. Geht zur Polizei und holt Hilfe! Los jetzt!“ Dann umarmte er seinen Sohn.

Mit einem mulmigen Gefühl im Bauch löste sich Paul aus Vaters Umarmung und folgte den anderen durchs Fenster.

Just in diesem Augenblick stieß einer der Diener die Tür auf und ließ den Scheich herein.

„Also, wo waren wir ...“, begann der Scheich und stockte. „Wo sind die Kinder?“ Wütend schaute er den Diener an und stieß ihn an die Wand. „Wo sind die Kinder?“, schrie er ihn an.

Erschrocken und ängstlich schüttelte der Diener den Kopf.

Schließlich ließ der Scheich von ihm ab und rief nach jemandem.

„Hier entlang!“, zischte Essam und führte seine neuen Freunde durch das Haus. Er kannte sich gut in dem Gebäude aus und konnte den Wachen überall ausweichen. „Noch dieser Gang. Da hinten ist Fahrradgarage von Kuriere. Dort Fahrräder stehen, wir können nehmen. Es geben nur kleines Problem.“

„Welches?“, erkundigte sich Samuel.

„Das Tor! Es elektronisch gesichert.“

Paul überlegte kurz und sah Samuel an, der ihm zunickte. „Okay, das übernehmen wir. Weißt du, wo der Kontrollraum ist?“

Essam erklärte ihnen den Weg. Schließlich trennten sich die beiden Teams.

Paul und Samuel huschten lautlos von Ecke zu Ecke, um möglichst ungesehen zum Kontrollraum zu gelangen und von dort aus das Eingangstor zu öffnen. Der Weg dahin war schnell gefunden.

Vorsichtig lugte Samuel um die Ecke und erspähte einen Wachposten. „Mist! Da steht eine Wache vor der Tür.“

Paul blickte sich um. Da kam ihm eine Idee. „Warte hier! Ich komme gleich wieder.“

„Was hast du vor?“, wollte Samuel wissen.

Doch Paul war schon verschwunden. Eine Minute später tippte er Samuel auf die Schulter. „Alles klar! Gleich geht's los."

„Was hast du ...?"

Auf einmal ging die Sprinkleranlage los, und der Wachmann rannte aufgeregt davon.

„Jetzt!", rief Paul. Gemeinsam rannten sie los. Vorsichtig öffnete Paul die Tür und guckte durch den Türschlitz. „Keiner da. Super!"

Schnell huschten sie in den Kontrollraum. Während Samuel sich mit der technischen Anlage vertraut machte, fragte er Paul grinsend: „Die Sprinkleranlage?"

„Was Besseres fiel mir auf die Schnelle nicht ein. Es war einfach, das Papier im Papierkorb anzuzünden und unter den Rauchmelder zu stellen. Zum Glück hab ich ein Feuerzeug."

„Geniale Idee!", lobte Samuel ihn. „Boah ey, hier steht alles auf Arabisch drauf."

„Dann geh nach deinem technischen Gefühl, Sam. Du kennst dich doch aus. Du schaffst das!", machte Paul ihm Mut und postierte sich an der Tür, um aufzupassen.

„Puhh, okay, dann schauen wir mal ..." Samuel prüfte die Kontrollen, betrachtete die Monitore und hatte eine Idee. „Krass, Alter. Die haben hier ein echt modernes Überwachungssystem. Zum Glück ähnelt es einer bekannten Sicherheitssoftware, die ich schon mal gesehen habe."

„Schon mal gesehen?", schmunzelte Paul. „Du meinst wohl, schon mal geknackt."

Samuel grinste. „Kein Kommentar! Das Gute ist, dadurch habe ich das passende Untermenü gefunden, um die Sprache auf Englisch umzustellen. Jetzt komm ich klar damit. So ... die Torsteuerung. Hier. Sesam, öffne dich!"

„Hast du's?"

„Jepp!"

Paul öffnete die Tür einen Spalt, um nach draußen zu sehen. „Au Backe! Da kommen zwei Wachen. Was jetzt?"

„Na ja“, murmelte Samuel, „vielleicht könnte ich ...“

„Was auch immer du vorhast, mach es schnell!“

Samuel ließ seine Finger über die Tasten fliegen.

Paul schloss schnell die Tür. „Sie sind da!“

Doch genau in diesem Moment ertönte eine Sirene.

Paul konnte hören, wie die Schritte der Wachen leiser wurden. Er öffnete die Tür einen Spalt und sagte dann: „Alles klar. Die Luft ist rein.“

„Dann raus hier!“

Nacheinander huschten sie durch den Gang und trafen sich schon bald mit den anderen in der Fahrradgarage.

„Was ist das für ein Lärm?“, erkundigte sich Sarah.

Samuel grinste.

„Das ist das Werk unseres Technikgenies“, erklärte Paul.

„Wir schnell müssen gehen“, drängte Essam und rollte die Fahrräder heraus.

„Wow!“, staunte Dominik. „Das sind ja richtig coole Bikes.“

Essam nickte. „Ja, stimmt. Scheich sagen, wenn wichtige Botschaft, dann Kurier müssen schnell. Das nur gehen mit gutem Bike.“

„Sogar ein krasses Dirt Bike“, sagte Paul begeistert, während er sich die Gangschaltung anschaute. „Ich glaub, das werde ...“

„Jetzt schnell!“, mahnte Essam und fuhr los. Die anderen folgten ihm. Das Tor war bereits in Sichtweite. Doch als Essam und Sarah das Tor passiert hatten, begann es, sich wieder zu schließen.

„Gas geben!“, schrie Samuel.

Um Haaresbreite schlüpfte Paul als Letzter durch das Tor, kurz bevor es sich mit einem metallischen Klack hinter ihm schloss.

„Hui, das war aber knapp“, hechelte er und schloss sich den anderen an. „Wo fahren wir hin?“

Essam hielt kurz an, sodass sie sich alle sammeln konnten. „Ich kennen Ort, wo wir sicher.“

Plötzlich ertönten schrill aufheulende Motorengeräusche.

Reflexartig schauten die Kids in die Richtung, aus der der Lärm kam. Auf einmal kamen drei Cross-Motorräder über den Hügel gesprungen – und fuhren genau in ihre Richtung.

„Ach, du meine Güte!" Dominik schluckte.

Essam schrie: „Mir nach!"

Sarah, Paul, Samuel und Dominik traten mit aller Kraft in die Pedale. Anfangs hatten sie Mühe, mit Essam mitzuhalten. Doch im zunehmenden Verkehrschaos konnten sie aufholen. Die Verfolger leider auch. Die Motorräder kamen immer näher. Gleich würden sie sie erwischen.

Während Essam sie in eine Gasse führte, dachte Paul fieberhaft nach, was er tun könnte, und sah sich um. Da entdeckte er eine schmale Mauer, die schräg nach oben führte. Zielstrebig fuhr er darauf zu und schließlich hinauf.

„Was hast du vor?", rief Samuel ihm zu.

„Fahrt weiter!", schrie Paul nach unten und versuchte, da oben das Gleichgewicht zu halten.

Einer der Motorradfahrer schien besonders mutig zu sein und folgte Paul.

„Echt jetzt?", schimpfte Paul und hörte den Fahrer, der sich ihm näherte. Doch die Mauer war zu schmal, und das Motorrad wackelte zu sehr herum. Der Fahrer übersah einen kleinen Vorsprung, rutschte und stürzte ab.

„Oh Mann!", dachte Paul. „Das war eng." Schließlich fuhr er weiter und sah, dass die beiden anderen Motorräder inzwischen an ihm vorbeigefahren waren. „Jetzt muss ich aber Gas geben!", dachte er und stieg in die Pedale.

Die Mauer führte nun zu einem Rohrsystem, das schräg über die schmale Straße führte. „Boah, ist ja fast wie damals im Heizkraftwerk", hechelte er, während er Mühe hatte, das Gleichgewicht zu halten. Der Weg über die Rohre war schmal und uneben. Die Verbindungsmetallplatte, auf der er fuhr, war alle paar Meter unterbrochen, sodass er immer wieder abbremsen musste. Die Rohre führten quer über einen Hof und bogen dann ab, um hinter dem Haus weiter zu verlaufen. „Mist, jetzt sehe ich sie nicht mehr." Schließlich endete das Haus, und die Rohre führten zur Seite, wo sie wieder zu einer schräg abfallenden Mauer führten.

Gerade als Paul an der Mauer ankam, sah er Essam und seine Freunde um die Hausecke biegen. Dicht gefolgt von den zwei Motorrädern. Paul hielt an, überlegte kurz und betrachtete den Verlauf der Straße. „Das könnte ... das muss!" Vorsichtig fuhr er los, die schräge Mauer hinunter. Er wurde immer schneller und krallte sich am Lenker fest. Jetzt hörte er die Motorräder. Das erste fuhr vorbei. Gerade als das zweite an der Mauer ankam, sprang Paul vom Mauervorsprung ab und schwenkte sein Hinterrad nach außen. Der Motorradfahrer bekam die volle Wucht von Pauls Fahrrad zu spüren, wurde vom Motorrad geschleudert und stürzte in einen tiefer gelegenen Abflusskanal. Doch durch den Schwung und den Aufprall verlor Paul die Kontrolle über das Fahrrad. Er stürzte, rutschte ebenfalls auf den Abwasserkanal zu und bekam es mit der Angst zu tun. Krampfhaft klammerte sich Paul an den Lenker. Plötzlich rutschte er samt Fahrrad in den Abgrund. „Neeeein!" Im letzten Augenblick ließ er los und konnte sich gerade noch so an einem herausragenden Stahlpfeiler festhalten. Jetzt baumelte er mehrere Meter über dem Kanal und hörte den Motorradfahrer unter ihm schimpfen. Zum Glück konnte der ihn nicht erreichen. Jedenfalls noch nicht. Paul strengte sich an. Mit aller Kraft zog er sich nach oben und kletterte zurück auf die Straße. „Aaahhh", keuchte er und blieb erschöpft liegen. „Ich sollte dringend mehr Sport machen." Dann rappelte er sich wieder auf und sah sich um. „Tja, was nun?"

Kurz darauf kam Essam wieder aus einer anderen Gasse gerast. „Du in Ordnung?", rief er ihm entgegen. „Was du gemacht?"

Paul guckte grinsend nach unten in den Abwasserkanal.

Mit einem schnellen Drift stoppte Essam direkt neben Paul. Als er den Motorradfahrer entdeckte und beobachtete, wie er versuchte, an der glitschigen Wand hochzuklettern, überkam ihn großes Lachen. „Wonderful! Du ein Hero!“ Erleichtert klopfte er Paul auf den Rücken und fragte dann: „Wo dein Bike?“

„Auch da unten“, sagte Paul. „Es war echt knapp. Wo ist eigentlich der dritte Motorradfahrer?“

Grinsend erzählte Essam ihm von einer alten Garage. Sie hatten ihn hineingelockt und dann darin eingeschlossen. Doch dann wurde seine Miene wieder ernst. „Zwei auf einem Bike schwer. Hm ...“

„Na ja“, murmelte Paul. „Wir hätten noch ein Motorrad hier herumliegen. Aber ich kann damit nicht umgehen.“

Essams Miene hellte sich auf. „Das kein Problem. Ich kann.“ Er stieg ab, übergab Paul sein Fahrrad und richtete die Cross-Maschine auf. Er startete das Motorrad und freute sich. „Ich schon immer haben wollte.“ Dann ließ er den Motor aufheulen und bedeutete Paul, ihm zu folgen.

Gemeinsam rasten sie durch einige immer enger werdende Gassen, bogen mehrere Male ab und fuhren dann in eine alte Garagenanlage. Vor der vierten Tür hielten sie an. „Ihr kommen heraus!“, rief Essam.

Nebenan hörte Paul einen Mann schreien und wütend gegen die Garagentür schlagen.

Langsam öffnete Samuel das Garagentor und steckte den Kopf heraus. „Ah, ihr seid es.“ Schließlich winkte er die anderen herbei, und sie sammelten sich wieder bei Essam.

„Ich euch zeigen mein Zuhause. Kommt!“

Wie im Gänsemarsch radelten sie durch die Straßen, überquerten eine Brücke, fuhren durch eine lange, dunkle Gasse und verschwanden schließlich in einem Hinterhof.

„Da zu Hause!“ Essam stoppt die Maschine und zeigte nach oben.

„Da oben wohnst du?“, fragte Dominik.

„Ja, auf dem Dach. Ich euch zeigen.“

Nachdem sie das Motorrad und die Fahrräder versteckt hatten, brachte Essam sie zu einer Hintertreppe, die sie direkt zum Dach führte.

„Ist das hier so eine Art Feuerleiter?“, überlegte Paul.

Essam schüttelte den Kopf. „Nein. Das unsere Treppe.“

„Eure?“ Samuel runzelte die Stirn.

Oben angekommen kletterte Essam über einen kleinen Mauervorsprung und zeigte ihnen das Dach. „Hier ich wohnen. Mit Brüdern, Schwestern und Eltern. Wir nicht erlaubt zu laufen auf vorderem Treppenhaus. Das nur dürfen bessere Menschen.“

Sarah machte große Augen. „Was soll denn das heißen – bessere Menschen? Sind nicht alle Menschen gleich?“

Etwas wehmütig lächelte Essam sie an und erklärte: „Nein. Menschen wie ich leben hier. Wir uns nennen Dachmenschen.“

„Weil ihr oben auf dem Dach wohnt“, überlegte Dominik laut.

„Ja. Bessere Menschen ... also, Menschen mit Geld ... uns nicht wollen sehen. Deshalb wir benutzen Treppe hinten.“

Samuel schüttelte den Kopf. „Das darf doch nicht wahr sein. Hier gibt es echt eine Zwei-Klassengesellschaft?“

Essam zuckte mit den Schultern. „Wir nicht beschweren. Kairo haben zu viele Menschen.“

„... und zu wenig Wohnungen“, erkannte Sarah und seufzte. „Das tut mir irgendwie leid.“

„Ach nein. Ich sein fröhlich“, sagte Essam. „Hier drin“, dabei zeigte er auf sein Herz.

„Das erinnert mich an Paulus“, murmelte Samuel.

„Aaahhh“, freute sich Essam. „Du meinen Paulus aus Bibel?“

Samuel staunte. „Du kennst die Bibel?“

Essam nickte aufgeregt. „Es immer schön, zu treffen andere Christen.“

„Und warum bist du so glücklich, obwohl ihr hier echt in Armut lebt?", wollte Dominik wissen.

„Du kennen Brief von Philipper? Da Paulus schreiben in Kapitel 4, am Ende: Mein Gott abhelfen wird eurem Mangel, nach Reichtum in Christus Jesus. Das heißen, dass Gott uns versorgen und dass Jesus wichtiger als alles andere."

„Amen!", bestätigte Sarah fröhlich. „Du hast vollkommen recht, Essam. Wir Menschen achten oftmals nur darauf, dass es uns gut geht, vergessen dabei aber, dass Jesus Christus schon alles für uns gegeben hat. Sogar mehr, als wir verdient haben."

„Ja. So es ist", bestätigte Essam nickend und führte seine Gäste zur anderen Hausseite. „Ich euch zeigen mein Familie."

Während Essam alle miteinander vorstellte, beobachtete Paul, wie eine ältere Frau Fladenbrot an einem Lagerfeuer auf einer ausgebeulten Metallplatte machte. Dann erblickte er zwei junge Frauen, die an der flachen Dachmauer standen und einen Salat zuzubereiten schienen, während sie sich angeregt unterhielten.

Kurz darauf wurden sie von Essams Vater zum Essen eingeladen.

„Ich bin beeindruckt", murmelte Samuel. „Sogar hier oben, unter Leuten, die so wenig haben, gibt es Gastfreundschaft."

Paul hob die Hand. „Sollten wir nicht erst die Polizei informieren? Ich mache mir Sorgen um meinen Vater."

Essam hielt kurz Rücksprache mit seinem Vater. Dann sagte er: „Ihr euch erst müssen ausruhen und stärken, sonst nicht könnt helfen. Außerdem ich glauben, dass Gott wird aufpassen."

Paul seufzte.

Doch Essam lachte, hielt ihm einen Korb voller Fladenbrot unter die Nase und sagte: „Greif zu!"

Verschwunden

Kapitel 10

Mit vollem Mund sagte Dominik: „Also, ich muss schon sagen, das sieht alles recht abenteuerlich aus. Aber es schmeckt lecker."

Das schien Essams Mutter zu verstehen und hielt ihm zwei Schüsseln hin. In einer befand sich eine Art Bohnenbrei, in der anderen lagen kleine, gebratene Bällchen.

„Was ist das?", fragte Dominik unsicher, nahm eines der Bällchen und schnüffelte daran.

Essam und seine Familie waren sichtlich amüsiert. „Du versuchen. Sehr gut sein."

Mutig biss Dominik hinein, kaute eine Weile darauf herum und meinte dann: „Hm ... interessant. Wie nennt man das?"

„Das sind Falafel. Sie aus Bohnen, Knoblauch und vielen Gewürzen."

„Nicht schlecht. Kann ich noch eins haben?"

Fröhlich versorgte Essams Mutter die Gäste mit allerlei orientalischen Köstlichkeiten.

Samuel lehnte sich satt zurück und strich sich über den Bauch. „Ich bin wirklich beeindruckt von der Vielfalt, die ihr hier oben hinbekommt."

Essam lächelte nachdenklich vor sich hin. „Ja, das wunderbar. Wie du siehst, Gott uns versorgen gut."

Inzwischen war Paul zum Rand des Daches gegangen und blickte in die Ferne. „Wo sind wir hier überhaupt?", fragte er sich und versuchte, sich zu orientieren. Zum Glück war das Haus, auf dem sie sich befanden, eines der größeren in der Umgebung. In einiger Ferne glaubte er, die Pyramiden zu erkennen. Aufgrund der Luftverschmutzung war er sich aber nicht sicher. Dann guckte er nach unten und betrachtete die umliegenden Häuser. Er war sicher, dass sie sich hier mitten in den Slums befanden, vor denen Georgios sie gewarnt hatte. Aber sie waren hier bei Christen gelandet. Das beruhigte ihn ein wenig. Schließlich ging er wieder zu seinen Freunden und sagte: „So, Leute. Ich denke, wir sollten langsam aufbrechen und die Polizei informieren. Ich habe kein gutes Gefühl dabei, meinen Vater und Clara bei den Ganoven zurückgelassen zu haben."

Samuel erhob sich und nickte. „Du hast recht."

„Ich euch begleiten", rief Essam und sprang auf.

Paul winkte ab. „Das ist sehr nett von dir, Essam. Aber wir haben dich schon viel zu sehr in Beschlag genommen."

Doch Essam lachte amüsiert und meinte: „Du dich werden verlaufen in Kairo."

„Öhm ..." Paul wurde rot. Stimmt, daran hatte er gar nicht gedacht. Das Navi ihrer Handys war hier ziemlich ungenau.

Ohne Pauls Antwort abzuwarten, besprach Essam sich mit seiner Familie und bedeutete Paul und seinen Freunden, mit ihm zu kommen. Kurz vor dem Ausgang zur Treppe blieb er stehen und drehte sich noch einmal um. „Meine Freunde, ich noch möchte mit euch beten, wenn okay."

„Aber natürlich!", sagte Samuel. „Darauf hätten wir selbst längst kommen sollen."

Die fünf bildeten einen Kreis, und Essam begann: „Herr Jesus, du unser Gott und Retter. Du uns versorgen gut. Du wissen, wie es gehen Vater von Paul und dieser Frau ..."

„Clara", half Sarah.

„... wir dich bitten, du sie beschützen. Wir dich auch bitten, uns zu segnen und Kraft und Klugheit zu schenken. Bitte du uns begleiten, wenn wir gehen jetzt los. Amen!"

„Amen!", bestätigten die anderen.

So verließen sie das Haus wieder über die Hintertreppe und machten sich auf den Weg zum *Abdin Police Department.*

Als sie schließlich angekommen waren, ging Essam langsam voran, aber nicht direkt zu einem der Anmeldetische. Stattdessen blieb er stehen und sah sich um.

„Worauf ...", setzte Paul an.

Da hob Essam die Hand, und Paul verstummte. Etwa eine Minute lang standen sie einfach nur da und warteten. „Da! Er!", sagte er plötzlich und ging zielstrebig auf einen älteren Polizisten mit vielen Abzeichen zu. Essam sprach ihn an und erklärte die Situation. Schließlich kamen die beiden zu den anderen herüber.

Freundlich begrüßte der Polizist die Kinder: „Guten Tag! Ich bin Major Adib al-Hazhar. Essam hat mir erzählt, dass der Vater von einem von euch gefangen wurde."

„Ja, mein Vater – Markus Steinbach", meldete sich Paul. „Und es war noch eine Frau bei ihm, eine Arbeitskollegin."

„Außerdem erklärte mir Essam, dies sei alles im Hause eines Scheichs namens Ahmed al-Zahyyid geschehen."

Samuel nickte. „Stimmt genau."

„Hm ..." Der Polizist ging einige Schritte auf und ab und schien zu überlegen. „Eigentlich kenne ich alle Scheichs, die in Kairo leben. Ein Scheich al-Zahyyid hingegen ist mir absolut unbekannt."

Essam machte große Augen. „Really? Ich viele Wochen für ihn gearbeitet. Bis ... er mich hat eingesperrt."

„Eingesperrt?"

„Ja, aber dies Kinder mich befreit."

„Was wollen Sie jetzt wegen der Gefangennahme meines Vaters tun?", fragte Paul unruhig nach.

Der Polizist setzte eine ernste Miene auf und erklärte: „Leider gibt es in letzter Zeit häufiger Geiselnahmen. Bitte gebt mir die Adresse. Ich werde ein Geiselbefreiungsteam zusammenstellen. Wartet hier!"

Es dauerte eine gefühlte Ewigkeit, ehe sich der Nachbarraum mit Leben füllte. Durch eine große Glasscheibe konnten Paul und seine Freunde beobachten, wie sich ein halbes Dutzend Polizeikräfte um den Major versammelten und ihre Einsatzbesprechung abhielten. Schließlich verließen die Einsatzkräfte den Raum durch die Hintertür, während der Major auf Paul und seine Freunde zukam.

„Hört mal! Wir werden jetzt losfahren. Ihr könnt aber nicht mitkommen. Wir informieren euch dann, wenn wir wieder zurück sind." Damit machte er auf dem Absatz kehrt und schloss sich seinen Männern an.

Pauls Kinnlade klappte herunter. „Das meint er nicht ernst!?"

„Ich fürchte, doch!", murmelte Sarah.

Essam grinste, ging zur Tür und winkte die anderen herbei. „Los! Kommt schon! Das wir lassen uns nicht entgehen."

„Was hast du vor?", fragte Dominik verwundert.

„Ganz einfach. Wir uns nehmen Taxi!", erklärte Essam.

„Ein Taxi?", fragte Dominik gedehnt nach. „Wie sollen wir denn ohne Blaulicht vor Weihnachten dort ankommen?"

„Lass das mal sein mein Sorge!" Schon stand Essam am Straßenrand. Sie mussten gar nicht lange warten, da konnte er bereits ein Taxi herbeiwinken. Essam und seine Freunde stiegen ein, und er erklärte dem Fahrer die Situation. Dann drehte sich der Taxifahrer um und sagte etwas auf Arabisch.

„Was hat er gesagt?" Sarah schüttelte den Kopf. „Ich hab nichts verstanden."

„Er meinen, wir uns festhalten."

Das war wörtlich zu nehmen. Der Fahrer trat aufs Gas, als wolle er einen Preis gewinnen. Wie ein Profirennfahrer schlängelte er sich durch den Verkehr. Plötzlich rasten sie auf ein Sperrschild zu.

„Achtung!", schrie Sarah.

Doch kurz vor dem Schild riss der Fahrer das Lenkrad herum. Mit quietschenden Reifen drifteten sie um die Kurve und bogen in eine schmale Seitengasse ein. Die Passanten konnten im letzten Moment zur Seite zu springen.

„Hilffeeeee!“, schrie Sarah entsetzt.

Pauls Puls pochte heftig. Doch er wollte sich das nicht anmerken lassen. Im Grunde beeindruckte ihn der Fahrstil. Aber ständig von einer Seite zur anderen geworfen zu werden spielte auch ihm übel mit. Gurte zum Anschnallen gab es hier leider keine.

In gefühlter Rekordzeit hatten sie ihr Ziel erreicht.

Paul konnte das Anwesen des Scheichs bereits ausmachen. Als er die Einsatzfahrzeuge der Polizei vor der Einfahrt stehen sah, rief er: „Stopp! Halten Sie hier an!“

Essam wiederholte Pauls Aufforderung auf Arabisch.

Mit quietschenden Reifen kam das Taxi zum Stehen. Als Paul und seine Freunde ausstiegen, waren sie froh, wieder festen Boden unter den Füßen zu spüren.

Dominik taumelte und musste sich festhalten. „Boah ey. Der ist ja irre.“

Essam bedankte sich bei dem Taxifahrer und bezahlte ihn.

Dann fuhr das Taxi wieder davon.

„Ich glaub“, Sarah rieb sich den Bauch, „ich fahre nie wieder Taxi.“

Samuel grinste. „Du wirst es überleben.“

Gerade als Paul mit seinen Freunden bei den Polizeiautos ankam, sahen sie, wie die Einsatzkräfte entspannt das Haus verließen.

„Was denn? Sind die schon fertig?“, fragte Dominik verblüfft.

„Die sind aber relaxt“, wunderte sich Samuel.

In diesem Moment verließ der Major das Haus, erblickte die Kinder und ging auf sie zu. „Was macht ihr denn hier? Ihr solltet doch im Revier warten.“

„Es geht um meinen Vater. Da sitz ich doch nicht tatenlos herum!“ Paul verschränkte trotzig die Arme.

Der Major seufzte und schüttelte den Kopf. „Kinder! Aber da ihr nun schon einmal hier seid … ist das hier bestimmt die richtige Adresse?“

„Ja, absolut sicher“, bestätigte Essam. „Ich viele Wochen hier gearbeitet. „Warum Sie fragen?“

„Weil hier kein einziger Mensch zu finden ist. Nichts. Gar nichts. Nicht einmal Möbel.“

„Wie bitte?“, entfuhr es Paul. „Da befindet sich doch sogar eine Mumie!“

„Eine Mumie? Die hätten wir bestimmt bemerkt.“ Der Major schüttelte vehement den Kopf. „Seht selbst!“, sagte er und führte die Kinder ins Haus.

Drinnen angekommen suchten sie zuerst den Museumsflügel auf.

„Hier drin liegt eine echte Mumie“, erklärte Dominik, während er die Tür öffnete. „Und zwar in einem ...“ Er stockte, als er den Raum komplett leer vorfand. „... Glaskasten“, murmelte er völlig verwirrt.

Paul runzelte die Stirn. „Das gibt's doch nicht! Die müssen innerhalb kürzester Zeit alles ausgeräumt haben. Das ist ... unfassbar.“

„Dann war das alles nur Show?“, überlegte Sarah. „Was machen wir denn jetzt?“

„Wo ist mein Vater?“, schrie Paul entsetzt und hämmerte an die Wand.

„Beruhige dich!“ Samuel versuchte, ihm zu helfen, einen kühlen Kopf zu bewahren. Doch das war in dieser Situation gar nicht so leicht.

„We found something“, sagte einer der Polizisten und winkte den Major zu sich.

Neugierig folgten die Kids ihnen in den Raum, in dem sie zuvor festgehalten worden waren.

Der Major betrachtete dort etwas an der Wand und ließ Fotos davon machen. Dann verschwanden die beiden wieder.

Paul, Sarah und Samuel blieben am Eingang zu dem Raum stehen und diskutierten heftig darüber, wieso das Haus auf einmal komplett leer war.

Dominik und Essam huschten hinein, um sich die Stelle genauer anzusehen, die der Major hatte fotografieren lassen.

„Ist das Blut?“, fragte Dominik prüfend.

„Möglich. Das Zeichen mit Schrift“, erkannte Essam, als die anderen dazukamen.

„Also, falls du mit Zeichen den Baum hier meinst, okay. Aber die Schrift kann ich nicht entziffern. Ziemlich verschmiert.“

Essam roch an dem roten, verschmierten Strich. „Ha! Das kein Blut. Das ...“, er kratzte ein bisschen was davon ab und kostete. „... Lippenstift.“

„Lippenstift?“, fragte Dominik erstaunt nach. „Wer sollte denn hier drin mit Lippenstift herummalen?“

Da beugte sich Sarah zu ihnen herunter und meinte: „Eine Frau natürlich, ihr Helden. Das muss Clara gewesen sein!“

„Ach, natürlich!“ Dominik klatschte sich an die Stirn.

Inzwischen untersuchte Essam die Schriftzeichen weiter und überlegte, was sie bedeuten mochten. „Ein Baum ...“

„Was ist das für eine Schlängellinie?“, fragte Samuel.

„Sagtest du Schlängellinie?“, fragte Paul nach. „Vielleicht eine Schlange.“

Sarah betrachtete das Gekritzel und neigte den Kopf zur Seite. „Allem Anschein nach hat uns Clara mit ihrem Lippenstift einen Hinweis hinterlassen.“

Essam kratzte sich am Kinn. „Dann vielleicht nicht Schrift, sondern Zeichen. Das vielleicht Baum und Schlange. Was das nur bedeuten?“

Aufgeregt tigerte Paul hin und her.

„Meine Güte, setz dich mal hin, Kumpel“, nörgelte Samuel. „Du machst mich echt verrückt.“

„Sorry, Sam. Aber solange ich nicht weiß, was mit meinem Vater ist, kann ich nicht einfach dasitzen und nichts tun.“

„Ja, schon gut. Ich versteh dich doch.“

„Moment mal.“ Sarah hob die Hand. „Paul, hattest du nicht von einem Schlangensymbol berichtet?“

„Ja, aber was hat das mit dem Baum zu tun?"

„Park", rief Essam auf einmal aus. „Der Baum könnte sein Hinweis auf Park *al-Azhar.* Das großer Park in Nähe von Moschee. Und du gesagt, dort gesehen Schlangensymbol."

„Moment mal!" Samuel kratzte sich am Kopf. „Paul, hatte dein Vater nicht erwähnt, dass ein Teil der geheimnisvollen Karte in der Nähe der *al-Azhar-Moschee* liegt?

„Das ist es!", rief Paul aus. „Wir müssen dorthin."

„Allein?", fragte Sarah. „Ich schlage vor, wir berichten dem Major von unserer Entdeckung."

Die anderen waren einverstanden und suchten den Major auf, der sich geduldig die Theorie der Kinder anhörte. Doch schließlich winkte er ab und sagte: „Das Ermitteln überlasst ihr bitte der Polizei. Wir kümmern uns darum." Kurz darauf rief er seine Männer zusammen und fuhr davon.

„Das war's?", rief Dominik ihnen enttäuscht hinterher.

„Na toll!", grummelte Samuel. „Jetzt lässt der uns einfach hier stehen."

„Wo ist Essam denn hin?", wunderte sich Sarah.

Paul zeigte in Richtung der Fahrradgarage. „Da drüben. Kommt, wir gucken mal, was er dort macht."

Erleichtert kam Essam auf seine neuen Freunde zu und sagte: „Wir haben Gluck. Der Scheich haben alles ausgeräumt – aber nicht Fahrräder – sie noch da."

„Super. Dann sind wir zumindest schon mal mobil", freute sich Samuel.

Sarah zögerte: „Irgendwie komm ich mir langsam wie ein Dieb vor. Ich mein ... die Räder gehören uns doch gar nicht."

Doch Paul sah das eher unproblematisch. „Ich denke nicht, dass wir Diebe sind. Denn genau genommen stehen hier einfach nur Fahrräder herum. In einem Haus, das offenbar niemandem mehr gehört. Zumindest wohnt hier keiner mehr. Und wie es aussieht, besaß dieser Scheich das Haus nicht einmal wirklich. Wer weiß, ob er überhaupt ein Scheich ist." Dann machte er eine dramatische Kunstpause, holte tief Luft und sagte: „Außerdem ist das eine Notlage!“

Widerwillig nickte Sarah. „Wir haben wohl gerade keine große Wahl. Aber trotzdem gefällt mir das nicht.“

„Essam, bitte führe uns auf dem schnellsten Weg zu diesem Park“, bat Paul ihn. Unruhig murmelte er: „Ich hoffe, wir finden die richtige Gasse wieder.“

Die Bruderschaft der Kobra

Kapitel 11

Mit gemischten Gefühlen fuhren die vier Freunde Essam hinterher. Mitten in einer endlos lang erscheinenden Straße blieb er stehen.

„Was ist los?", erkundigte sich Paul.

„Na ja", druckste Essam herum. „Schnellster Weg sein da durch." Dabei zeigte er in eine schmale Gasse, die links und rechts von Müllbergen gesäumt war.

„Boah ey", keuchte Samuel. „Da sieht ja wie eine Müllhalde aus – und das mitten in der Stadt."

Essam seufzte. „Müll großes Problem in Stadt. Viele Stellen wie hier. Aber dies kurzer Weg. Sonst wir müssen fahren großen Umweg."

Paul holte tief Luft. „Da müssen wir jetzt wohl durch."

„Hey, Moment mal!", stoppte Samuel ihn. „Wieso triffst du eigentlich neuerdings immer die Entscheidungen? Vielleicht haben wir ja keine Lust, durch diesen stinkenden Müllhaufen zu fahren."

Einen Moment lang herrschte Totenstille.

Auf einmal war Paul völlig verunsichert. Wie sollte er darauf reagieren? Hatte er sich zu weit vorgewagt? Hätte er das Team doch nicht führen sollen? „War doch nur ein Vorschlag, um möglichst schnell meinen Vater zu retten", grummelte Paul beleidigt. „Hättet ihr das nicht auch gemacht?"

Samuel verschränkte die Arme und machte einen auf stur.

Nun stellte Sarah ihr Fahrrad ab, ging zu ihm hinüber und flüsterte ihm etwas ins Ohr.

Paul konnte deutlich sehen, wie Samuel mit den Augen rollte und schließlich einen langen Luftstoß ausstieß.

„Samuel!“, rief Sarah ernst.

Dann murmelte Samuel: „Na schön. Dann los!“

Paul runzelte die Stirn.

Essam sagte nichts dazu und fuhr einfach los. Dominik, Samuel und Sarah folgten ihm direkt, und auch Paul fuhr schließlich los – mitten durch die Müllberge hindurch. Am Himmel sammelten sich dunkle Wolken, sodass man den Eindruck bekam, es würde bereits Abend werden.

An einer etwas größeren Straße hielt Essam wieder an und sagte: „So ... da wir sind. Der Park liegt hinter dies Häusern.“ Dabei wies er nach vorn. „Weiter ich euch leider nicht kann helfen, wieder muss zurück nach Hause.“

„Wir könnten noch unsere Telefonnummern austauschen“, schlug Sarah vor. „Was meint ihr?“

„Das gute Idee“, freute sich Essam. Schließlich verabschiedeten sie sich voneinander, und Essam fuhr davon.

Inzwischen versuchte Paul, sich inmitten der Häuserschluchten zu orientieren.

„Uff“, murmelte Dominik. „Wie sollen wir denn hier jemals die richtige Gasse wiederfinden? Die sehen irgendwie alle gleich aus.“

Paul schaute sich den digitalen Stadtplan auf dem Handy an. „Also ... wir sind irgendwo hier. Dumm, dass das GPS nicht funktioniert. Wenn ich nicht irre, müssen wir etwas nördlich fahren und eine Einfahrt nach Osten, in Richtung Park finden. Denk ich jedenfalls.“

Dominik schüttelte den Kopf. „Und wie willst du die richtige finden?“

„Puhh, ich hoffe, wenn ich sie sehe, erinnere ich mich. Du könntest ja auch helfen. Immerhin warst du dabei.“

„Nee, nee“, winkte Dominik ab. „Du weißt doch ... ich und Orientierung. Das wird nix.“

Dann sagte Samuel etwas, das Paul überraschte. „Vertrauen wir einfach darauf, dass Paul den richtigen Weg findet.“

Etwas verdutzt, aber zugleich erleichtert fuhr Paul langsam los. Er betrachtete jedes Haus und jede Einfahrt sehr genau und versuchte sich zu erinnern, wo sie entlanggerannt waren. Er bog in eine Seitenstraße ein und gab auf einmal Gas.

„Hier!", rief er und stoppte das Fahrrad. Die anderen erreichten ihn gerade, als er nach unten auf einen roten Fleck auf der Straße zeigte. „Wir sind definitiv auf der richtigen Spur. Hier lag der verletzte Falke."

Samuel klopfte Paul auf die Schulter und raunte ihm zu: „Weiter so!"

Auf einmal ging es viel leichter. Paul erinnerte sich, um welche Ecke sie gekommen und welche Gasse sie zuvor durchquert hatten. Jetzt konnte er den Weg gut rekonstruieren und führte seine Freunde zu einem großen Hof.

Sarah stieg vom Rad ab und betrachtete die großen Mauern, die in den dunklen Himmel ragten. „Beeindruckend. Man hat das Gefühl, dass die Mauer im Himmel verschwindet."

„Ist ja auch schon ziemlich dunkel", sagte Samuel trocken.

„Aber nicht überall", korrigierte Dominik und machte seine Freunde auf ein kleines Licht auf der anderen Seite des Hofes aufmerksam. „Ist das nicht dieser ominöse Raum mit dem Schlangensymbol?"

Paul nickte. „Lasst uns die Fahrräder verstecken und uns das näher anschauen."

Leise huschten sie einer nach dem anderen an der Hauswand entlang. Hier im Hof schien niemand zu sein. Also wagten sie sich bis zum einzigen Fenster, aus dem der flackernde Schein einer Fackel drang und ein wenig Licht in den Hof brachte. Kaum hatten sie das Fenster erreicht, legte Samuel den Finger auf den Mund. Sie konnten ganz deutlich hören, wie jemand eine Art Vortrag hielt.

„... so lasst uns diesen Tag in Ehren halten, meine Brüder. Denn heute ist es so weit. Heute werden wir endlich Zugang zum Labyrinth erhalten. Herr Steinbach war so freundlich, uns die Karte zu übergeben, sodass wir den genauen Lageplan des Labyrinths kennen."

„Der spricht ja von meinem Vater!", flüsterte Paul.

„Pssst!", zischte Samuel.

Sarah überlegte leise: „Von welchem Labyrinth redet er?"

Da hörte Paul seinen Vater sagen: „Ich werde Ihnen ganz sicher nicht helfen!"

„Aber warum denn nicht?", fragte der Scheich. „Immerhin haben Sie mir doch auch die Karte gebracht. Und nun werden Sie das Tor zum Labyrinth für uns öffnen."

„Wie kommen Sie überhaupt darauf, dass ich dazu in der Lage bin?"

„Aus sicherer Quelle weiß ich, dass Sie sehr wohl in der Lage dazu sind, mein Herr. Außerdem ...", jetzt schien er langsam wütend zu werden, „... verlieren wir langsam die Geduld. Meine Brüder und ich warten schon seit vielen Jahren auf diese einmalige Gelegenheit, die bronzene Schlange des Mose in Empfang zu nehmen. Diese Schlange – die Kobra der Götter – wird uns – meinen Brüdern und mir – Unsterblichkeit verleihen."

„Wie bitte?", rutschte es Dominik heraus.

„Pssst!" Samuel hielt ihm sogleich den Mund zu.

Sarah murmelte leise: „Die Bruderschaft der Kobra?"

Pauls Vater wollte den Scheich offenbar von seinem Irrglauben abbringen und erklärte: „Wie kommen Sie darauf, dass Ihnen diese Schlange Unsterblichkeit verleiht?"

Der Scheich ging auf das Gespräch ein. „Mein Herr, Sie kennen die Geschichte der Überlieferung, wie Mose in der Wüste eine Schlange aus Bronze fertigen sollte, und alle, die von einer Schlange gebissen wurden, mussten dieses Schlangenbildnis anschauen, um zu überleben."

„Soweit richtig", bestätigte Markus.

„Nun, was Sie nicht wissen, es gibt ein uraltes Ritual, das wir durchführen werden. Dann wird uns die Kobra der Götter nicht nur vor Schlangenbissen schützen, sondern ..." jetzt hob er an und rief laut aus: „Unsterblichkeit schenken!" In diesem Moment jubelten Dutzende Männer, die um sie herumstanden.

„So ein Blödsinn!", grunzte Paul.

Dann sprach der Scheich weiter. „Bald ist es so weit. Es ist also keine Zeit mehr zu verschwenden. Sie werden uns jetzt sofort das Tor öffnen, sonst ..."

„... ist ja gut ...", hörte Paul seinen Vater antworten. „Wieso müssen Sie uns ständig drohen?"

„Seien Sie vernünftig!", rief der Scheich laut aus. „Dann passiert auch niemandem etwas."

Paul bat Samuel, ihm beim Hochklettern zu helfen, und wagte noch einmal einen Blick hinein. Da sah er seinen Vater gefesselt auf einem Stuhl sitzen, Clara direkt neben ihm.

Als sein Vater ihn entdeckte, schrie er: „Lauft! Lauft!"

Sofort sprang Paul herunter und rannte mit seinen Freunden quer über den Hof. Einfach geradeaus, immer weiter. Hinter sich hörten sie mehrere Männer auf Arabisch schreien und hinter ihnen herjagen.

Plötzlich sprang vor ihnen ein kleiner Junge auf die Straße.

Paul erkannte Moses wieder, den kleinen Dieb. Er winkte sie zu sich und quetschte sich mit ihnen in eine schmale Hausnische. Dann schob er schnell ein Holzbrett hinter ihnen vor die Nische und legte den Finger auf den Mund.

Die fünf standen eng aneinander gepresst in einem halb zugemauerten Hausflur und warteten. Draußen rannten mehrere Männer mit Fackeln vorbei und suchten sie.

Als sie vorbei waren, bedankte sich Paul bei Moses. „Thank you, Moses."

„Why did you help us?", fragte Sarah neugierig.

Da zog Moses das zerknitterte Papier eines leeren Schokoriegels aus der Hosentasche. Dann schob er das Holzbrett ein Stück zur Seite, lugte hinaus und führte seine neuen Freunde quer über die Straße, durch einen Holzverschlag und um eine Hausecke herum. Dort wurden sie bereits erwartet. Eine große Menge von Kindern verschiedenen Alters umringte die Neuankömmlinge. Selbst in der schummrigen Notbeleuchtung war deutlich zu sehen, wie dreckverschmiert die Kinder waren; eins von ihnen humpelte. Weiter hinten waren Mädchen zu sehen, die gerade versuchten, ein Feuer zu entzünden.

Paul ging auf sie zu und holte sein Feuerzeug heraus.

„Whhuaaaa", riefen sie erstaunt und starrten auf das kleine, glänzende Ding.

Inzwischen waren seine Freunde dazugekommen.

Sarah stupste Paul an und flüsterte: „Ich denke, sie würden sich sehr freuen ..."

Paul blickte Sarah an, dann das Feuerzeug, dann die Mädchen. Sie mochten fast in Pauls Alter sein und mussten unter diesen Umständen hier leben. Es brach ihm fast das Herz. Paul dachte nach. Sarah schien den Satz absichtlich nicht vollendet zu haben. Doch er verstand. Aber leicht fiel ihm das nicht. Ihm war klar, dass die Kinder das Feuerzeug dringender brauchten als er. Allerdings war es ein Geschenk von Professor Cardiff, mit einer besonderen Gravur des Schlosses in Schottland. Liebevoll strich er noch einmal über die Rillen. Dann holte er tief Luft und reichte es den Mädchen. Sie waren außer sich vor Freunde und umarmten ihn zum Dank.

„Oh ... äh ... schon gut ..." Paul wurde ganz verlegen.

Da kam Samuel herbei und fragte frech grinsend: „So, Chef. Wie geht's weiter?"

Paul kniff die Augen zusammen. „Echt jetzt?"

Samuel zwinkerte ihm zu und hob die Schultern, als wüsste er gar nicht, wovon Paul da sprach.

„Na ja", überlegte Paul. „Ich schlage vor, dass du Georgios anrufst und ihn bittest, ein paar Dinge zu besorgen und hierherzubringen."

Samuel nickte. „Geht klar, Chef! Und was genau?"

Paul seufzte. So richtig wusste er Samuels Verhalten noch nicht einzuschätzen. Machte er sich über ihn lustig, oder war das seine Art, ihm zu zeigen, dass er ihn akzeptieren würde?

Paul rief seine Freunde herbei und sagte: „Freunde, ihr seht ja diese Umstände hier. Ich habe das dringende Bedürfnis zu helfen. Wir machen eine Liste von Dingen, die für die Kids hier wichtig wären und schnell zu besorgen sind. Samuel schreibt alles auf und informiert Georgios. Okay?"

„Super Idee!", stimmten Samuel und Sarah zu.

Im Handumdrehen hatten sie eine lange Liste mit ganz verschiedenen Dingen zusammengestellt.

„Ach, und bitte Georgios darum, unsere Ausrüstung mitzubringen. Ich denke, wir werden unsere Rucksäcke brauchen."

Samuel ging ein paar Schritte, rief Georgios an und erklärte ihm, was sie alles benötigten.

Noch ehe Paul sich seinen Gedanken wieder hingeben konnte, zupfte Moses ihn am Ärmel und führte ihn in das nahegelegene Haus. Bei näherer Betrachtung war es eher eine Ruine mit einem notdürftig gezimmerten Dach. Die Kinder zeigten ihm verschiedene Räume, wo sie offenbar wohnten. Da war kein Erwachsener, der sie hätte unterstützen können. Und doch waren sie freundlich zueinander. Paul schnürte es den Hals ab. Er musste hier unbedingt wieder raus. Er rannte und stolperte nach draußen, krallte sich an einem Mauervorsprung fest und keuchte.

„Alles in Ordnung?", erkundigte sich Sarah, die bemerkt hatte, dass es Paul offenbar nicht gut ging.

„Nein, ja ... also ... ich ..."

Sarah warf den Kindern, die ihm gefolgt waren, einen fragenden Blick zu. Doch sie hoben ahnungslos die Schultern. „Was ist los, Paul?"

„Wie ... können sie nur so ... leben?", stotterte er und fühlte seinen Puls wie einen Hammer im Kopf schlagen. „Ich meine ... das ist doch kein Leben."

Mit einer Mischung aus Mitleid und Freude blickte Sarah ihn an. So tief bestürzt hatte sie ihn noch nie erlebt. Gleichzeitig ließ er zum ersten Mal seine Gefühle heraus. Sanft strich sie ihm über den Kopf und sagte leise: „Ich verstehe dich. Es ist schlimm, mitansehen zu müssen, wie diese Kinder hier hausen und leiden. In unserer Welt kann man sich das oft gar nicht vorstellen ... bis man es selbst einmal sieht und erlebt."

„Ich wünschte, ich könnte ihnen helfen."

„Ach, Paul ...", seufzte sie.

Samuel hatte zugehört und setzte sich neben Paul. „Vor einiger Zeit wurde in unserer Gemeinde ein Hilfsprojekt in Nepal vorgestellt. Vielleicht erinnerst du dich. Wir haben dort viel Leid gesehen, aber auch viel Segen. Der Mann machte außerdem eine Sache klar – wir können nicht der ganzen Welt helfen. Aber wenn wir in der Lage sind zu helfen, dann sollen wir das auch tun. Genau das hast du gerade organisiert."

„Und das soll mir jetzt helfen?", stöhnte Paul und setzte sich hin.

„Warum nicht? In der Bibel, in Sprüche 3,27, ist genau das beschrieben. Du hast dich korrekt verhalten. Gott sieht doch, was du tust. Er kennt auch deine Motivation und deine Gedanken. Glaub mir, Gott vergisst nicht, dass du Gutes tust und helfen willst. Mal abgesehen davon wird er niemals verlangen, dass du das Leid der ganzen Welt beseitigst."

„Hm ...", murmelte Paul. „Woher weißt du immer so viel?"

Samuel grinste. „Ich lese Bibel, ist echt sinnvoll."

Ein paar Minuten später kam eins der Kinder angerannt und machte Brummbrumm-Geräusche.

„Ah, Georgios ist wohl da", vermutete Samuel und lief mit Dominik zur Straße. Kurz darauf kamen sie zurück – vollgepackt mit prall gefüllten Taschen.

„Guten Abend, meine Lieben!", begrüßte Georgios die Kinder. „Zum Gluck Auto wieder repariert. Es euch sicher interessieren, dass Fahrzeugmechaniker mir gezeigt, dass Wagen sabotiert wurde. Irgendjemand mich wollte aus Weg haben. Ich nicht verstehen."

„Ich kann mir auch schon vorstellen, wer das war", sagte Sarah missmutig. „Dieser kriminelle Scheich."

„Ach, du meinen Scheich Ahmed al-Zahyyid?"

„Genau der. Erst hat er uns gefangen genommen, dann Pauls Vater und die Archivarin entführt."

„Oh nein!"

„Aber wir wissen, wo sie sind, und werden sie befreien", erklärte Dominik siegessicher.

„Hast du alles besorgen können?", erkundigte sich Paul.

„Alles, was Samuel mir aufgetragen hat."

Samuel grinste. „Genauer gesagt, alles, was Paul ... egal. Er hat einen guten Riecher, wenn es darum geht, schwierige Situationen zu meistern. Und ich muss gestehen", Samuel machte eine kunstvolle Pause, „es beeindruckt mich, wie er auf die Kids hier reagiert hat."

Neugierig sah Georgios Paul an.

„Ich dachte ... wir könnten ein wenig helfen", murmelte er verlegen.

Georgios packte verschiedene Getränke, Schokolade, Müsliriegel, Brot, Brötchen, Wurst und diverse Hygieneartikel aus.

Paul hatte erwartet, dass sich die Kinder alle darauf stürzen würden. Stattdessen standen sie erwartungsvoll da und guckten auf ihn. „Was ...!? Wollt ihr die Sachen gar nicht haben?" Er verstand nicht.

Georgios, der sich zunehmend als Sprachgenie entpuppte, versuchte, einige Brocken Arabisch mit den Kids zu sprechen, und fand heraus, dass die letzte Verteilaktion ziemlich streng verlaufen war.

„Georgios, frag sie bitte, ob es einen Anführer, einen Verwalter oder so etwas in der Art bei ihnen gibt."

Da trat ein Mädchen hervor, das Paul bereits beim Feuermachen kennengelernt hatte.

„Sag ihr bitte ..." Paul kämpfte mit den Tränen, als er in die rehbraunen Augen des Mädchens blickte. Er spürte einen dicken Kloß im Hals. „... dass ... also, dass sie das alles haben können. Sie soll es verteilen." Schnell wandte Paul sich ab und kniff die Augen zusammen.

Im nächsten Moment begann das Mädchen mit einer erstaunlich geordneten Verteilaktion.

Paul musste ein paar Schritte gehen und schnappte nach Luft.

Sarah wollte ihm beistehen, doch Samuel hielt sie am Arm fest und sagte ruhig: „Nein. Lass ihn! Das muss er selbst verarbeiten."

Etwas später versammelte Georgios die vier Freunde und überreichte ihnen die vier angeforderten Ausrüstungsrucksäcke. „Hier alles drin, was bestellt. Taschenlampen, Seil, Feuerzeug, Knicklichter, Notfallbox, Kreide, Spezialsprechfunkgeräte und Notvorrat an Nahrung und Wasser. Gut, dass ihr den Rucksäcken fertig schon gepackt hattet und ich nur musste überprüfen."

„Super! Vielen Dank!", zeigte sich Paul erleichtert. „Georgios, wir werden uns jetzt auf den Weg machen, um meinen Vater und Clara zu retten." Er holte sein Handy heraus und zeigte Georgios die Stelle, an der sich das Haus mit dem mysteriösen Versammlungsort befand. „Wenn wir uns in spätestens drei Stunden nicht wieder melden, musst du mobil machen und uns suchen."

„Aye, Aye, Sir!", sagte Georgios und salutierte grinsend. „Seid vorsichtig! Der Herr segne und begleite euch!"

„Danke!"

Die vier setzten ihre Rucksäcke auf und machten sich auf den Weg. Inzwischen war es stockdunkel geworden, und die Häuserschluchten wirkten richtig bedrohlich. Nur vereinzelt waren Fenster erleuchtet. Hier hinten schien kaum jemand zu wohnen.

Als sie den Hof mit den hohen Mauern erreicht hatten, stutzten sie. Alles war finster und totenstill.

Das Labyrinth der zehn Prüfungen

Kapitel 12

Paul horchte in die Stille hinein. „Irgendwas stimmt hier nicht.“

„Denkst du an eine Falle?“, überlegte Samuel.

„Ich bin mir nicht sicher. Wir müssen nachsehen.“ Langsam schlichen sie über den dunklen Hof, pressten sich an die Wand unter dem Fenster und horchten. Doch sie hörten keinen einzigen Laut. Gar nichts.

„Helft mir mal hoch!“, bat Paul, kletterte zum Fenster und leuchtete mit seiner Taschenlampe hinein. „Na, so was“, sagte er und sprang wieder herunter.

„Was?“

„Der Raum ist leer. Da ist niemand mehr drin.“

„Sind wir zu spät?“, fragte Dominik ängstlich.

Da zupfte jemand an Pauls Jacke. Es war der kleine Moses. Paul hatte ihn in der Dunkelheit gar nicht bemerkt. „Hey Kumpel. Was machst du denn hier?“, fragte er, obwohl er genau wusste, dass der ihn ohnehin nicht verstand.

Allem Anschein nach verstand der kleine Kerl aber besser als gedacht. Er winkte Paul zu sich und flitzte um die Hausecke herum.

„Wo will er denn hin?“, murmelte Sarah.

„Finden wir's heraus!“, sagte Paul und ging hinterher. Er fand Moses in der Gasse wartend, in der beim letzten Mal die beiden schwarz vermummten Männer gestanden und ihnen den Weg versperrt hatten.

Moses ging auf eine Tür zu und wollte sie öffnen. Doch sie war verschlossen. Doch aufgeben wollte er offenbar nicht. Er blickte sich um und entdeckte eine schmale Nische, quetschte sich hindurch und war verschwunden. Dann machte er auf einmal ächzende Geräusche, verstummte jedoch gleich wieder.

„Und nun?“, fragte Dominik ungeduldig.

Doch plötzlich rumpelte es hinter der Tür, und jemand schob einen Riegel beiseite. Schnell versteckten sich Paul und seine Freunde hinter der nächsten Hausecke.

Die Tür ging langsam auf, und heraus kam – Moses. Er guckte nach links und rechts und rief dann etwas auf Arabisch.

Paul konnte es nicht verstehen, aber zumindest hörte er den kleinen Kerl rufen und wagte sich aus der Deckung. „Ach, du bist das. Du hast die Tür von innen geöffnet. Klasse! Thank you! You are my hero!“

Über so viel Lob freute sich der kleine Moses sehr. Dann winkte er und verschwand wieder.

„Krass, der kleine Kerl“, staunte Samuel und ging voran.

Sie betraten das Haus, gingen eine leicht gebogene Treppe hinauf und öffneten eine schwere Holztür.

„Der Versammlungsraum!“, rief Sarah aus und schnüffelte wie ein Hündchen. „Es riecht nach Feuer und ... Schweiß. Uh!“

Samuel betrachtete das Symbol in der Mitte der hohen Holzstühle. „Was soll das bedeuten?“

„Keine Ahnung“, murmelte Sarah und schüttelte den Kopf.

Während Dominik an einem alt aussehenden Metallring schnupperte, der an der Wand eingelassen war, untersuchte Paul eine große Holzvertäfelung.

„Leute, ich glaube, hier hat eine Fackel dringesteckt“, sagte Dominik. „Hier ist frischer Ruß an der Wand.“

„Du bist so still, Paul. Hast du was entdeckt?“, fragte Samuel ihn.

Paul trat einen Schritt zurück, verschränkte die Arme und überlegte. „Vielleicht. Seht euch das mal an. Woran erinnert euch das?“

Dominik und Sarah kamen dazu und betrachteten die große Holzwand, während Paul verschiedene Bereiche beleuchtete.

Sarah strich mit dem Finger über das geschnitzte Bild und überlegte: „Ich würde vermuten, dass dieses Holzrelief eine Geschichte darstellt. Das Holz ist zwar schon ziemlich verwittert, aber hier unten erkennt man mehrere Menschen, die alle auf dieses Objekt in der Bildmitte schauen. Eine Art Stange oder so. Um die Stange herum ist etwas ... gewickelt."

„Könnte eine Schlange sein", vermutete Samuel.

„Ja, würde passen. Immerhin ist das hier ein Versammlungsort der Bruderschaft der Kobra", ergänzte Dominik.

„Aber was soll dieses Bild denn bedeuten?"

Da klatschte sich Samuel an die Stirn. „Aber klar doch! Erinnert ihr euch an die Ansprache des Scheichs? Er erzählte doch von der bronzenen Schlange des Mose, die er wegen der Israeliten gemacht hatte."

Dominik ging ganz dicht heran und murmelte: „Und du meinst, dieses Bild zeigt diese Schlange? Helft mir mal kurz auf die Sprünge. Worum ging es in dieser biblischen Geschichte?"

„Es hatte mit Israels Meckern und Motzen zu tun."

„Und mit Undankbarkeit!", ergänzte Sarah.

Samuel nickte. „Stimmt. Die Israeliten hatten erst kurz vorher Gott um Hilfe bei einem Kampf gebeten, und er hat sie erhört, hat geholfen. Doch einige Zeit später begannen sie, sich bei Gott und Mose über ihre Situation und übers Essen zu beschweren."

„Übers Essen?", fragte Dominik erstaunt.

„Ja. Das war Gott zu viel. Er schickte Giftschlangen unters Volk. Viele wurde gebissen und starben daran. Nun kamen die Israeliten wieder zur Vernunft und baten Mose um Hilfe. Gott sagte Mose, dass er eine eherne – also bronzene – Schlange bauen solle. Jeder aus dem Volk, der von einer Giftschlange gebissen wurde, sollte die Bronzeschlange anschauen, um zu überleben. Die Israeliten sollten also demütig und gehorsam sein."

Dominik fasste sich an den Bauch und blickte betroffen zu Boden. „Ich werd mich nie wieder übers Essen beschweren."

Inzwischen hatte Sarah das Holzrelief genauer betrachtet. „Also, Samuel, wenn ich deiner Erzählung folge, dann zeigt dieses Relief genau diese Geschichte. Seht ihr diese vielen Menschen hier? Sie knien vor der Schlange und strecken die Hände nach ihr aus."

Paul bückte sich und roch am Boden. „Riecht ihr das auch?" Er drückte sich die Nase an der Holzwand platt und schnüffelte daran. „Hier riecht es verbrannt. Vielleicht die Fackel."

Samuel kniete sich neben ihn und wischte etwas Staub vom Boden weg. „Hier gibt es Schleifspuren. Das könnte ein ..."

„... geheimer Zugang sein?", freute sich Dominik.

Samuel und Paul schauten sich grinsend an.

Schließlich fragte Paul Dominik: „Okay, nehmen wir mal an, du hast recht. Wo ist der Öffnungsmechanismus?"

Dominik überlegte, sah sich kurz um und ließ dann die Schultern hängen. „Keine Ahnung."

„Suchen wir mal!", schlug Paul vor und begann, alle möglichen Steine, Vorsprünge und Unebenheiten zu überprüfen. Die anderen taten es ihm gleich.

„Nichts!", seufzte Sarah. „Vielleicht ist das auch gar keine Geheimtür."

„Oh doch!", widersprach Paul ihr. „Für so etwas habe ich inzwischen ein Gespür. Ich wette, dass ..."

Noch ehe er weiterreden konnte, stoppte Samuel ihn und sagte ziemlich laut: „Schaut euch das Relief mal ganz genau an. Da stimmt etwas nicht."

Seine Freunde gingen einen Schritt zurück und betrachteten die Holzvertäfelung prüfend.

Dominik schüttelte als Erster den Kopf: „Ich seh da nix."

Dann zeigte Samuel auf eine ganz bestimmte Stelle.

Sarah ging näher heran und staunte. „Nanu? Was macht denn ein Tempel auf diesem Bild? Meine Güte, hast du gute Augen. Der ist ja so klein. Sieht aus, als würde er zum Bild dazugehören. Farblich und stilistisch fügt er sich gut ein."

Paul untersuchte den Tempel. „Leute, wenn ich nicht irre, ist das der Tempel von Edfu. Ich erkenne den auch nur, weil wir den – laut Clara – auf der Briefmarke mit dem ausgefransten Horusauge hatten. Und weil der nichts auf diesem Bild zu suchen hat ..."

„... drücken wir einfach mal drauf", sagte Dominik und drückte auch schon.

Tatsächlich ließ sich der Tempel wie ein Schalter hineindrücken. Plötzlich rumpelte es, die hölzerne Wandverkleidung teilte sich in der Mitte und gab den Blick auf eine schmale Steintreppe frei, die ins Dunkel führte.

„Wow!"

„Was hab ich gesagt?", fragte Paul stolz grinsend.

Samuel leuchtete den Eingang ringsum ab. „Da oben steht etwas geschrieben. Eine Inschrift. Auf Lateinisch!"

„Ein geheimer Zugang und eine lateinische Inschrift." Sarah schmunzelte. „Das riecht mir nach einem Vermächtnis der Archivare? Was meint ihr?"

„Würde ins Muster passen. Immerhin sind wir auf der Suche nach dem Siegel des Falken – einem alten Archivaren", murmelte Samuel und holte sein Handy heraus. „Also, da steht: *labyrinthus decem examinum*. Wenn mein Handy das richtig übersetzt hat, dann bedeutet das sinngemäß: ein Labyrinth aus zehn Prüfungen."

„Ein Labyrinth der zehn Prüfungen", wiederholte Paul aufgeregt. „Das muss das Labyrinth sein, von dem der Scheich gesprochen hat."

„Da ist noch etwas oben drüber. Ein Symbol. Ein ... Falke, der auf einer Schlange steht. Merkwürdig."

Dominik meldete sich zu Wort: „Der Falke ergibt ja durchaus Sinn. Das zeigt uns, dass wir auf der richtigen Spur sind. Aber wieso steht er auf einer Schlange?"

Samuel leuchtete in den Gang. „Vielleicht hat er sie besiegt? Das könnte eine Anspielung darauf sein, dass Jesus Christus den Tod besiegt hat, der ja auch oft als Schlange dargestellt wird. Wie auch immer. Die haben auf jeden Fall schon einen gehörigen Vorsprung."

„Stimmt, Sam. Lasst uns das Labyrinth knacken. Habt ihr die Kreide schon parat, um die Gänge zu kennzeichnen?"

„Jepp!", sagte Dominik nickend und hielt sein Stück hoch.

„Los geht's!", rief Paul und ging neugierig voran. „Mal sehen, was da unten ist."

Die Treppe führte langsam nach unten und wandte sich dabei ein wenig.

Nach über einer Minute fragte Dominik: „Sind wir schon am Erdmittelpunkt angekommen?"

„Moment, hier endet die Treppe", sagte Paul und blieb auf einmal stehen. Dann knipste er seine Taschenlampe aus und bat seine Freunde, dasselbe zu tun.

„Was ist denn das?", fragte Sarah. „Kommt von da vorn etwa Licht?"

Langsam gingen sie weiter.

„Gibt's doch nicht", wunderte sich Samuel. „Da steckt eine brennende Feuerfackel. Das muss der Scheich gewesen sein."

„Aber wieso gerade hier?", überlegte Dominik. „An der langen Treppe befanden sich mehrere Fackelhalter – alle leer. Wieso steckt ausgerechnet hier eine drin?"

„Wieso steckt hier eine drin?", wiederholte Paul nachdenklich und sah sich um. Auf der gegenüberliegenden Wand entdeckte er eine kleine Vertiefung mit zwei Gefäßen darin – einem weißen und einem roten. Doch bevor er weiter darüber nachdenken konnte, war Dominik schon dabei, tiefer in den Gang zu laufen.

Plötzlich krachte es laut, und direkt vor und hinter Dominik sackte der Boden ab. „Ach, du meine Güte!", schrie er. „Leute, helft mir!"

„Nicht bewegen!", rief Samuel und leuchtete mit der Taschenlampe nach unten. „Da geht es mindestens zehn Meter runter.

Du hast offenbar eine Falle ausgelöst. Wir suchen nach einer Lösung, Dom."

„Was ist das hier?" Inzwischen hatte Sarah die Wandvertiefung mit den beiden Gefäßen auch entdeckt. „Da steht etwas darüber geschrieben – in lateinischen Buchstaben, wenn ich das richtig sehe. Komisch. Hier in Ägypten hätte ich eher Hieroglyphen erwartet."

„Exodus 7,14", las Paul vor. „Ist das nicht eine Bibelstelle?"

Samuel nickte. „Ja, ‚Exodus' wird das zweite Buch Mose genannt. Im siebten Kapitel geht es um die zehn Plagen."

Sarah machte große Augen. „Soll das heißen, dass dieses Labyrinth der zehn Prüfungen eine Anspielung auf die zehn Plagen ist?"

„Holt mich endlich hier weg!", rief Dominik mit zittriger Stimme.

„Okay", keuchte Paul. „Worum geht es in Kapitel 7, Vers 14? Das ist ja vermutlich die erste Plage."

„Blut", antwortete Samuel. „Mose sollte mit seinem Stab auf das Wasser des Nils schlagen. Dadurch wurde alles Wasser in Ägypten zu Blut."

Paul betrachtete die beiden Gefäße. „Hm ... ich hab eine Idee. Holt mal bitte die Wasserflasche aus meinem Rucksack."

Sarah gab ihm die Flasche. Paul öffnete sie und dachte nach: „Wenn ich richtig liege, müssen wir in eins der Gefäße Wasser füllen. Weiß steht meist für rein oder farblos."

„Dann wird es wohl das rote sein", überlegte Samuel. „Denn rot steht vermutlich für Blut."

„Okay!" Vorsichtig goss Paul etwas Wasser in den roten Behälter. Als er schließlich halb voll war, sank er nach unten und löste einen Mechanismus aus.

Sie hörten ein Klacken, gefolgt von einem rumpelnden Geräusch.

„Es funktioniert!", rief Dominik erleichtert. „Der Weg kommt wieder nach oben gefahren."

Als der Weg wieder oben angekommen war, klappte das kleine Gefäß in der Wandnische nach vorn und entleerte sich wieder.

„Puhhh, das ist ja noch mal gut gegangen. Mein lieber Dom, ab jetzt solltest du vorsichtiger sein."

„Hoch und heilig versprochen! Am besten gehst du vor, Paul. Jetzt ist mir auch klar, wieso hier eine Fackel steckt."

Das ließ er sich nicht zweimal sagen. Er umarmte Dominik kurz und war wirklich froh, dass ihm nichts passiert war. „Okay, Leute. Macht einen großen Schritt über diese Platte hier, damit die Falle nicht wieder ausgelöst wird."

Dann gingen sie weiter. Auf den nächsten Metern war nichts Besonderes zu erkennen, und so kamen sie gut voran, bis sie zu einer Kreuzung gelangten, von der vier Wege abzweigten.

„Tja ... wo gehen wir jetzt lang?", fragte Paul in die Runde.

Samuel drängte sich an ihm vorbei und untersuchte die Wände. „Ha!", rief er siegesbewusst aus. „Ich hab gelernt. Wir sollten diesen Weg nehmen. Seht ihr hier? In jedem der vier Gänge sind Zeichnungen angebracht. Sie zeigen verschiedene Tiere. Wir sollten den Gang mit den Fröschen nehmen."

„Warum denn das?" Dominik runzelte die Stirn. „Seit wann stehst du auf diese glitschigen Viecher?"

„Ach, mein lieber Dominik. Die zweite Plage, die Gott über die Ägypter brachte, waren Frösche."

„Super Idee!", sagte Sarah und nickte. „Also los!"

Nach einigen Meter kam die nächste Abzweigung.

Sofort preschte Dominik vor und begann, die Wände nach Hinweisen zu untersuchen. Doch schnell gab er frustriert auf. „War ja klar. Wenn ich was suche, gibt's wieder mal nix."

„Wirklich?" Paul, Samuel und Sarah betrachteten die Wände in der näheren Umgebung, fanden aber auch nichts.

„Könnte sein, dass hier und da mal was gestanden hat. Aber das ist schon total vergammelt und zerbrochen." Hilflos hob Paul die Schultern und blickte seine Freunde an. „Dann bleibt uns nichts anderes übrig, als links oder rechts zu wählen. Was meint ihr?"

„Rechts!"

„Links!"

„Links!"

„Oh, na super. Jetzt hängt's wieder an mir", schmunzelte Paul. „Also ... dann gehen wir eben links lang."

Die nächsten zwei Minuten ging es wieder bergauf, bis sie einen leichten Luftzug spürten.

Plötzlich rief Sarah laut aus: „Aua!"

„Was hast du?" erkundigte sich Samuel. In dem Moment stach ihn etwas. „Autsch!"

Schon im nächsten Moment klatschte sich Dominik an die Backe. „Mistviecher!"

Auch Paul blieb nicht verschont und wurde, genau wie seine Freunde, von einer ganzen Horde Mücken überfallen.

„Nichts wie weg hier!", rief er. „Zurück nach unten!"

Die vier Freunde nahmen die Beine in die Hände und rannten, was das Zeug hielt. Als sie die letzte Abzweigung wieder erreicht hatten, verschnauften sie erst einmal.

„Meine Güte. Was für aggressive Viecher!", jammerte Samuel. „Die haben mich bestimmt zehnmal erwischt."

„Ich fürchte, so geht's uns allen", seufzte Sarah. „Ich kann mich irren, aber das sieht nach der dritten Plage aus – Mücken!"

Paul stieß einen langen Luftstoß aus. „Dann hatten wir wohl Glück im Unglück. Wir waren wieder ziemlich weit nach oben gelaufen. Da muss es irgendwo ein Loch nach draußen geben. Und irgendetwas in der Höhle, das die Mücken anlockt."

„Ich dachte immer, dass Mücken vom Licht angezogen werden", sagte Dominik. „Meine Mutter macht immer einen irren Aufstand, wenn ich mal bei offenem Fenster das Licht eingeschaltet lasse."

Samuel schüttelte den Kopf. „Nee du, das ist ein Mythos. Mücken werden vom Geruch angelockt. Wer also stark riecht und schwitzt, hat gute Chancen auf Mückenbesuch. Irgendwas am Schweiß ist total lecker für sie."

Spontan mussten Dominik und Paul an ihren Achselhöhlen schnuppern.

„Uaaahhh", grunzte Paul. „Ich fürchte, ich bin schuld."

Doch Samuel winkte ab. „Es kann auch einfach sein, dass wir in ihren natürlichen Lebensraum eingedrungen sind. Mit Höhlenmücken kenne ich mich nicht wirklich aus. Sei's drum. Lasst uns nun den anderen Weg nehmen."

Der Gang machte eine enge Kurve und führte schließlich geradeaus.

„Seht mal! Dort hängt wieder eine Fackel."

„Demnach sollten wir hier wieder besonders aufmerksam sein", mahnte Sarah.

Paul hielt bei der Fackel an und sah sich die Wände und den Boden an. „Ich denke, hier gibt es wieder eine Falle."

„Du denkst es?", fragte Samuel gedehnt.

„Ich weiß es. Oder zumindest habe ich eine Idee."

„Erleuchtest du uns?", fragte Samuel ungeduldig.

Paul kniete sich hin und kniff die Augen zusammen. „Ich brauch mal ein Seil."

Sarah kramte sogleich in ihrem Rucksack und reichte es Paul.

Paul sagte: „Danke. Tretet mal etwas zurück." Dann nahm er das Seil und schleuderte es etwa einen Meter weit in den Gang.

Zack! Zack! Pfeilschnell stachen mehrere scharfe Klingen aus dem Boden.

„Autsch!" Dominik schnappte nach Luft. „Das tut bestimmt weh, wenn einen diese Dinger in den Fuß stechen. Das sind dann wohl die Stechfliegen der vierten Plage."

Nachdem die Klingen wieder nach unten gefahren waren, zeigte Paul auf die schmalen Löcher im Boden. „Wenn man genau hinsieht, erkennt man dünne Fäden, die quer durch den Gang gespannt sind. Sobald man die Fäden berührt, wird die Falle ausgelöst." Er leuchtete den Gang aus verschiedenen

Richtungen aus und seufzte. „Das sind so viele ... ich weiß nicht, wie wir da durchkommen sollen, ohne die Falle auszulösen."

Samuel strich mit der Hand über die Seitenwand. „Schaut mal! Hier sind Zeichen eingraviert."

Dominik hielt den Kopf schief und fragte: „Sind das Hieroglyphen?"

„Ich glaube, ja."

„Oh Mann. Wo ist dein Vater, wenn man ihn braucht?"

Paul drehte sich zu Dominik um, verzog das Gesicht und antwortete ernst: „*Er* ist es, der *uns* gerade braucht. Das ist dir doch klar, oder?" Dann leuchtete er die Hieroglyphen an und holte sein Handy heraus.

Samuel klopfte ihm freundschaftlich auf die Schulter und sagte: „Kumpel, hier unten wirst du damit kein Glück haben. Hab schon nachgesehen – kein Empfang."

„Das macht nichts", antwortete Paul. „Ich nenne so etwas Vorbereitung." Er tippte einige Male aufs Display, und sofort erschien eine lange Liste an Hieroglyphen mit Übersetzungsbeispielen.

„Hut ab!", staunte Samuel. „Du denkst ja echt an alles."

„Na ja, ich dachte mir, wenn wir in Ägypten unterwegs sind, werden wir früher oder später auf Hieroglyphen stoßen. Wobei es natürlich nicht nur ägyptische gibt." Er hockte sich hin und betrachtete die Schriftzeichen, die in der Nähe des Bodens angebracht waren.

„Und?", fragte Dominik ungeduldig. „Kriegst du's raus?"

„Das ist gar nicht so einfach, Dom. Wir reden hier über eine Schrift, die weit über 5000 Jahre alt ist. Und bedauerlicherweise bin ich kein Experte darin. Mein Dad hat mir schon einiges beigebracht. Aber ob ich das zusammenkriege? Man muss die Hieroglyphen unterscheiden – in Wortzeichen, Deutzeichen und Lautzeichen. Also bedeuten sie entweder einen Laut, wie ein Buchstabe, oder auch ein ganzes Wort. Wenn ein Deutzeichen dabeisteht, kann sich die Bedeutung ändern.

Das ist nicht ganz einfach. Puhh ... also, ich weiß nicht, ob ich das schaffe."

„Und wie findet man heraus, was man da vor sich hat?", wollte Sarah wissen.

„Dabei hilft mir hoffentlich mein Handy. Ich versuch's mal. Also, wir haben hier einen Vogel, genauer gesagt eine Wachtel. Daneben einen Fuß über einer Zickzacklinie, die Wasserlinie bedeutet. Und daneben ist ein Kreis mit Strahlen daran – vermutlich eine Sonne. Aber wenn die Sonne danebensteht, dann ist das ein Deutzeichen, glaube ich. Demnach bedeutet die Sonne also scheinen."

Dominik raufte sich die Haare. „Woher weißt du überhaupt, in welcher Richtung die Zeichen zu lesen sind?"

„Och, das ist einfach", erklärte Paul. „Der Satzanfang ist immer dort, wo die Tiere hinschauen."

„Ach so."

„Das nächste Zeichen ist wieder eine Sonnenscheibe. Aber weil hier ein kleiner Strich darunter zu sehen ist, ist es kein Lautzeichen, sondern ein Wort – Sonne."

„Das nächste ist eine Eule", erkannte Samuel. „Was bedeutet die?"

„Die Eule steht einzeln für einen Buchstaben – das M. Aber wenn das ein Bindeglied ist, dann muss man ein I oder ein A voranstellen. Also wird IM oder AM daraus. Und dann haben wir noch eine Zeichengruppe. Soweit ich weiß, liest man da zuerst die obere Zeile. Das kleine Kästchen ist ein Hocker, daneben ein Halbkreis. Darunter ... das könnte wieder ein Deutzeichen sein. Ich glaube, das bedeutet oben, nein, Himmel. Oder so. Uff ... echt kompliziert."

Samuel versuchte zu resümieren. „Okay, also haben wir Scheinen, Sonne und Himmel?"

„Machen wir einen richtigen Satz daraus, wird es zu: Die Sonne scheint am Himmel."

„Was soll das hier unten?", fragte sich Dominik.

Spontan leuchtete Samuel nach oben. „Eine Sonne! Schaut mal da oben! Ist das ein Hebel an der Decke?“ Samuel stellte sich auf die Zehenspitzen und drückte auf einen herausragenden Steinbalken. „Er lässt sich bewegen.“

„Super!“, rief Sarah. „Schieb den Riegel weiter. Damit verschließt du die Löcher im Boden.“

Paul klopfte Samuel auf die Schulter. „Hey, Sam. Ich finde, wir sind ein tolles Team. Wir alle!“ Fröhlich drehte er sich wieder um und kletterte als Erster durch die dünnen Fäden. „Alles klar! Kommt mir nach!“

Auf der anderen Seite klatschten sich Samuel und Paul ab. Vor lauter Freude wurde Paul unaufmerksam und trat auf einen lockeren Stein. Plötzlich kippte der Boden unter ihnen ab, und sie rutschten mit hohem Tempo nach unten.

„Aaaaaahhhhhhh!“ Die vier schrien wild durcheinander.

Zum Glück endete die Rutschpartie schnell, und sie fielen irgendwo auf festen Boden.

„Aua! Pass doch auf, Mann!“, meckerte Samuel, der Dominik auf den Kopf bekommen hatte.

„Sorry, ich konnte bei der Rutschpartie leider nicht so gut steuern. Und meine Taschenlampe habe ich auch verloren.“

Sie rappelten sich wieder auf und blickten sich um.

„Wo sind wir hier?“, fragte Sarah verunsichert.

Plötzlich hörten sie Stimmen.

„Pssst!“, zischte Paul und legte den Finger auf den Mund. „Da kommt jemand. Versteckt euch!“

Schnell verkrochen sich Pauls Freunde. Doch Paul selbst blieb einfach stehen.

„Hey!“, rief Samuel leise. „Was machst du da?“

„Still!“, rief Paul. „Ich lenke sie ab, dann könnt ihr verschwinden und Hilfe holen.“ Jetzt konnte Paul den Schein der Fackeln deutlich erkennen. Kurz darauf erschienen zwei schwarz vermummte Männer, dicht gefolgt von Scheich al-Zahyyid.

„Na, sieh einer an. Der kleine Herr Steinbach!“

Freund oder Feind?

Kapitel 13

Für einen kurzen Moment kochte Wut in Paul hoch. Warum mussten die Leute ständig auf seiner Größe herumhacken?

„Wo sind die anderen?", fragte der Scheich.

„Welche anderen?"

„Deine Freunde."

„Ich ... ich bin allein hier."

Der Scheich nahm ihm diese kleine Lüge ganz offensichtlich nicht ab. Er gab seinen Männern Befehl, und sofort durchsuchten sie die ganze Gegend. Schließlich fanden sie Pauls Freunde und brachten sie zu ihm. Der Scheich lachte: „Allein, ja? Na schön. Gebt mir die Rucksäcke! Dann lasst uns doch einmal eine kleine Familienzusammenführung durchführen." Mit diesen Worten ging er voraus, und die Männer trieben Paul und seine Freunde vor sich her.

Sie liefen einen breiten Gang entlang und erreichten eine Art Atrium – einen großen runden Raum, von dem mehrere Gänge wegführten. Hier hatten sich der Scheich und seine Männer eine Art Basislager eingerichtet.

Sofort entdeckte Paul seinen Vater. „Paps!", rief er, rannte auf ihn zu und umarmte ihn.

„Meine Güte, Paul. Ihr seid wirklich hier? Ist euch auch nichts passiert?"

„Alles okay, Paps. Wir sind hier, um euch zu retten."

„Ich war mir nicht sicher, ob ihr es schaffen würdet. Allem Anschein nach war der Hinweis mit Claras Lippenstift gar nicht schlecht. Aber dass ihr die Rätsel so schnell lösen konntet ... erstaunlich."

„Tja, nun“, sagte Samuel anerkennend, „ich kann dir sagen: Dein Sohn hat's echt voll drauf.“

„Ja ...“, murmelte Markus leise. „Das hat er.“

Paul drückte seinen Vater noch einmal kräftig und lächelte. „Ich hatte einen guten Lehrer. Ich bin so froh, dass dir nichts passiert ist, Paps.“

„Ja, ich auch. Und ich bin stolz auf dich, dass du dein ... Team, so gut geführt hast“, sagte er zwinkernd.

Samuel überlegte laut: „Wie konnten die uns eigentlich so schnell finden?“

Clara lachte leise. „Ihr wisst schon, dass ihr Lärm wie eine Herde Verrückter gemacht habt, oder?“

„Äh ...“ Samuel wurde ganz verlegen. „Ups.“

„Ihr habt quasi eine Abkürzung erwischt“, erklärte Markus. „Wie ihr inzwischen ja wisst, handelt dieses Labyrinth von den zehn Plagen, die über Ägypten hereinbrachen, weil der Pharao das Volk Israel nicht gehen lassen wollte. Durch diese Abkürzung habt ihr die fünfte und sechste Plage sozusagen übersprungen.“

„Was war das noch gleich?“, erkundigte sich Dominik.

„Pest und Geschwüre“, antwortete Samuel.

„Oh gut. Darauf kann ich verzichten.“

„Paps, warum haben die euch hier heruntergeschleift?“

Sein Vater lächelte schwermütig. „Wir sind zwangsläufig ihre Reiseführer.“

Sarah schüttelte den Kopf und setzte eine verdrießliche Miene auf. „Ihr müsst die Rätsel lösen, um die Fallen auszuschalten!?“

Pauls Vater nickte.

„Was werden sie tun, wenn sie uns nicht mehr brauchen?“

„Über so etwas darfst du nicht einmal nachdenken, junges Fräulein. Hörst du?“, ermahnte Clara sie eindringlich.

Pauls Vater guckte sie mitleidig an. „Nun ja, so ganz abwegig ist dieser Gedanke nicht.“

„Nein, das glaube ich nicht“, widersprach sie.

„Was macht dich da so sicher?“

Clara holte tief Luft und erklärte sich. „Ist euch aufgefallen, dass der Scheich in unserer Gegenwart recht redselig ist?“

„Aber doch nur, wenn er mit uns direkt spricht.“

„Nicht unbedingt“, schüttelte Clara den Kopf. „Er hat einige Male auf Arabisch telefoniert.“

Dominik runzelte die Stirn. „Was nützt uns das?“

Clara schmunzelte. „In meinen aktiven Jahren als Ägyptologin habe ich diese Sprache natürlich auch gelernt. Da ist schon noch einiges hängen geblieben.“

„Wie praktisch“, grunzte Samuel.

„Das letzte Gespräch schien ihn etwas aufzuregen. Dabei fiel ein Name, der uns allen wohlbekannt sein dürfte.“

„Welcher?“

„Crowley!“

„Nein!“, keuchte Sarah.

„Doch. Ich konnte es ganz deutlich hören.“

Paul kratzte sich am Kopf und wurde unruhig. „Dann steht zweifelsfrei fest, dass er im Auftrag von Sektion13 hinter dem fünften Testament her ist. Aber wieso glaubst du, dass er uns nichts tun wird?“

Clara wiegte den Kopf hin und her. „Ich kann mich natürlich irren. Aber in diesem Telefonat machte der Scheich sehr deutlich, dass er sich nicht an uns vergreifen würde.“

Paul kaute nervös auf den Nägeln herum. „Dennoch, wir müssen dringend verschwinden, müssen das Testament vor ihnen finden und ...“

In diesem Moment kam der Scheich herbeigeeilt und drückte ihnen ihre Rucksäcke in die Hand. „Hier, die werdet ihr brauchen.“ Dann sah er sich um und wartete, bis die Wachen sich unterhielten und somit abgelenkt waren. Dann löste er Markus und Clara die Fesseln. „In zwei Minuten werden die Männer den Raum verlassen. Das ist eure Chance!“ Schon machte er sich wieder davon.

Doch Markus rief ihm hinterher: „Warum?“

Der Scheich blieb kurz stehen, blickte über die Schulter und murmelte: „Das ist ... kompliziert.“ Dann eilte er hinaus.

„Das verstehe ich nicht!“ Sarah schüttelte langsam den Kopf und starrte dem Scheich hinterher. „Erst nimmt er uns gefangen, dann verhilft er uns zur Flucht?“

Samuel prüfte seinen Rucksack. „Scheint noch alles drin zu sein.“

Da rief jemand von draußen, und die Männer verließen den Raum.

„Jetzt!“, rief Markus und steuerte zielstrebig einen der Tunnel an. Er ging einige Schritte, stoppte und drehte sich irritiert um. „Clara, was ist los? Warum kommst du nicht?“

Die Archivarin schien dem Scheich noch immer nachzuschauen. Doch dann drehte sie sich um, lächelte und sagte ruhig: „Ich bleibe hier. Ich glaube ... dieser Mann braucht Jesus!“

„WAAAS?“, platzte es aus Samuel heraus. „Das ist nicht dein Ernst!?“

Die Archivarin schien einen Moment lang nachzudenken, doch dann nickte sie langsam und murmelte: „Doch, ich bin mir sicher. Ich weiß, dass unser großer Gott auf mich aufpasst. Ich bin in seiner Hand geborgen. Dasselbe gilt für euch. Geht mit Gottes Segen!“

„Danke!“, sagte Paul, rückte seinen Rucksack zurecht und folgte seinem Vater.

Im Gänsemarsch zwängten sie sich durch einen schmalen Gang und erreichten schließlich einen größeren Höhlenraum.

„Boah ... schaut mal nach oben“, sagte Dominik. „Diese Höhle muss ja irre hoch sein.“

„Hier befindet sich wieder eine Fackel“, erkannte Samuel. „Allerdings war hier offenbar noch niemand, um sie anzumachen.“ Samuel holte sein Feuerzeug heraus und entzündete sie. Im flackernden Lichtschein tanzten viele längliche Schatten durch den Raum, die durch die gezackten Felsen entstanden.

„Paps, wieso sind wir ausgerechnet in diesen Tunnel gegangen? Da waren doch noch viele weitere Ausgänge."

„Gute Frage. Ich weiß nicht, ob dir aufgefallen war, dass sich über jedem Tunnel ein Symbol befindet. Über diesem Tunnel war ein Falke angebracht."

„Ah! Das ergibt Sinn. Immerhin sind wir auf der Suche nach dem Siegel des Falken."

„So ist es."

Samuel war vorausgegangen und hielt auf einmal seine Arme zur Seite ausgestreckt. „Stopp!"

„Was ist?"

Samuel guckte sich gründlich um und murmelte dann: „Hier stimmt etwas nicht."

Markus stellte sich zu ihm und kniff die Augen zusammen. „Hm ... ich glaube, ich weiß, was du meinst. Obwohl diese Höhle groß und natürlich erscheint, sieht der Boden erstaunlich exakt aus." Er hockte sich hin und legte den Kopf schief. „Der Boden besteht aus Pflastersteinen. Das ist definitiv gebaut worden. Gut beobachtet, Sam."

„Wieder eine Falle?", erkundigte sich Dominik.

Sarah hob eine Augenbraue und meinte dann: „Wieso nennen wir das eigentlich Falle? Wir befinden uns im Labyrinth der zehn Prüfungen. Also ist das hier einfach die nächste Prüfung. Und zwar ... wenn ich richtig mitgezählt habe ... die Prüfung Nummer sieben."

„Wenn wir es ganz genau nehmen", sagte Dominik gestelzt, „sprechen wir dann von der siebten Plage. Oder nicht?"

„Das wäre dann der Hagel", ergänzte Markus und schaute verunsichert nach oben. „Passt mir bloß auf!"

Paul hatte sich gebückt, um den Boden aus der Nähe zu betrachten. „Hier muss vor einiger Zeit jemand langgelaufen sein. Da sind Spuren im Staub. Seht ihr?"

„Die Fußspuren ergeben eigentlich gar keinen Sinn, so kreuz und quer. Aber ... wenn das hier wieder eine Falle ist, wusste derjenige offenbar, wo er hintreten durfte. Wir haben vermutlich eine klassische Trittfalle vor uns."

Markus beleuchtete den Boden von vorne bis hinten, so gut es ging. „Faszinierend. Die Steine im Boden sind alle sehr exakt positioniert. Sieben in einer Reihe, insgesamt 20 Reihen, wenn ich mich nicht verzählt habe."

„Und wenn man genau hinsieht, befinden sich verschiedene Buchstaben und Zahlen darauf. Sieht mir ganz nach einem Code aus. Und ich wette, wenn wir irgendwo falsch drauftreten, ergeht es uns schlecht."

„Na, dann sollten wir das vermeiden", murmelte sein Vater schmunzelnd, schaute sich die ersten Zeichenreihen an und überlegte. „Also, der erste Fußabdruck befindet sich auf einem lateinischen E. Der zweite Buchstabe ist leider verwittert. Der dritte ein ... O. Der vierte ... ist, glaub ich, ein D. Ich fürchte, die weiteren Fußspuren sind nicht mehr erkennbar."

„E, O, D." Dominik schüttelte den Kopf. „Damit kann ich leider gar nix anfangen."

„Paul, hör mir zu", sagte sein Vater mit ernstem Blick. „Du bleibst mit deinen Freunden erst einmal hier stehen. Ich versuche hinüberzugelangen. Nur wenn alles klappt, rufe ich euch hinterher."

„Aber ..."

„Bitte!"

„Aber du kennst doch den Code nicht."

„Ich habe eine Idee. Allerdings sehe ich die hinteren Reihen nicht, deshalb muss ich es wagen."

Paul seufzte. „Na schön. Wir warten."

Pauls Vater holte tief Luft und flüsterte: „Na, dann woll'n wir mal." Er trat auf den ersten Buchstaben, das E. Nichts passierte. Dann überlegte er laut. „E, O, D ... Eod. Ich glaube da hinten sind sogar noch Zahlen. Hm ... Eodi, Eodu, Endo, Exo ...

„Exodus!", rief Paul. „Die zehn Plagen sind doch im zweiten Buch Mose beschrieben, das auch Exodus heißt."

„Gute Idee. Ja, da ist auch ein X in der übernächsten Reihe. Ich versuch's", sagte er und trat darauf. Nichts geschah. „Dann nehme ich jetzt die nächsten Buchstaben – O, D, U, S. Okay. So weit, so gut. Jetzt sehe ich diverse Zahlen. Also, wenn wir eine Bibelstelle vor uns haben, müssten das Kapitel und Verse sein. Mal überlegen, die siebte Plage befindet sich in Kapitel ... 9." Vorsichtig trat Markus auf die 9. Alles ruhig. „Hm ... jetzt noch vier weitere Zahlenreihen ... es kann also kein einzelner Vers sein."

„Vielleicht eine Von-bis-Angabe?", überlegte Sarah.

„Uhhh, da bin ich gerade überfragt. Ergäbe aber Sinn. Schaut bitte mal im Handy nach. Ihr habt doch sicher eine Bibel drauf."

„Aber klar doch", sagte Samuel und war schon fleißig am Tippen. „Das steht in den Versen 13 bis 35."

„Aha. Dann ergeben die vier Reihen Sinn. 1, 3, noch eine 3 und die 5. Und hopps."

„Juhu! Es hat geklappt!", jubelten Sarah und Dominik.

Markus rief von der anderen Seite zu ihnen herüber: „Nicht vergessen: Der Code lautet Exodus 9 1 3 3 5."

Sarah ging als Erstes. Dann folgte Dominik, anschließend Samuel.

Gerade als Paul seinen Fuß auf den ersten Stein setzte, hörte er Männerstimmen hinter sich. „Oh nein!", dachte er und trat vorsichtig Stein für Stein weiter. Er hatte gerade die Mitte erreicht, als zwei Männer aus dem schmalen Tunnel hinter ihm traten und nach ihm riefen.

„Schnell, Paul. Komm schon!", rief es von vorn.

„Stopp!", schrie einer von hinten.

Doch plötzlich spürte Paul Vibrationen an den Füßen. Er blickte sich um und sah gerade, wie die Männer einfach drauflos marschierten. Im nächsten Augenblick begann es, Dreck zu rieseln. Paul und die Männer guckten nach oben. Da erkannte er das Problem. Auf einmal fielen Steine herunter. Erst kleinere, dann immer größere. Ohne nachzudenken, rannte Paul los.

Er hatte nur noch zwei Meter vor sich, als plötzlich ein faustgroßer Stein vor ihm zu Boden krachte. Er wich kurz zurück und rannte weiter.

Als er bei seinen Freunden ankam, zogen sie ihn mit einem kräftigen Ruck zu sich. Keine Sekunde zu früh. Denn direkt hinter ihm krachte ein kleiner Felsbrocken herunter und zerbrach beim Aufprall.

Die Männer hinter ihm hatten große Mühe, wieder herauszukommen. Immer mehr Steine und Felsbrocken regneten auf sie herab. Sie konnten nur noch den Rückweg antreten.

„Schnell weg von hier!", mahnte Samuel und eilte voraus.

Sie rannten etwa hundert Meter weit. Dann sagte Paul: „Sekunde, ich muss mal kurz Luft holen."

„Alles in Ordnung, Paul?" Sein Vater schien sich Sorgen zu machen. „Wir haben wirklich einen wunderbaren Gott, der auf uns aufpasst. Nicht wahr?"

„Mir geht's gut, Paps. Ich ... musste das nur erst mal verdauen. War wieder mal ziemlich knapp."

„Ich verstehe dich, Paul", sagte Samuel nickend. „Dennoch sollten wir uns nicht zu lange hier ausruhen. Wir haben einen klitzekleinen Vorsprung. Viel ist das aber nicht."

„Weiß ich doch. Okay ... weiter geht's."

Während sie sich durch einen weiteren engen Durchgang zwängen mussten, überlegte Sarah: „Nun haben wir also noch drei Plagen oder Prüfungen vor uns. Ich hoffe, dann finden wir endlich das Siegel und können hier wieder raus. Ich finde das echt unangenehm – so eng und dunkel."

Nachdem sie die enge Stelle geschafft hatten, klopfte Paul ihr auf die Schulter. „Ich bin stolz auf dich. Du hast schon ziemlich lange durchgehalten."

„Na ja. Ich geb mir alle Mühe", seufzte sie.

„Sooo ... jetzt wird's schwierig", sagte Markus.

Nun standen sie vor einer weiteren Weggabelung. Sofort strömten sie aus, um nach nützlichen Markierungen zu suchen.

Doch diesmal schien es nirgendwo Hinweise zu geben, an denen sie sich hätten orientieren können.

Dominik zählte. „Drei Wege. Links, Mitte, rechts. Würfeln wir jetzt?"

„Tja, ich hab keinen blassen Schimmer." Hilflos hob Paul die Schultern. „Und ihr?"

Doch die anderen schüttelten auch nur den Kopf. Sogar sein Vater.

„Stimmen wir ab", schlug Sarah vor. Sie waren einverstanden, und so fragte sie: „Wer ist für links?" Dominik meldete sich. „Wer für die Mitte?" Samuel meldete sich. „Und rechts?" Paul, sein Vater und Sarah meldeten sich.

„Okay ... warum seid ihr alle für rechts?", fragte Samuel neugierig.

„Och ... das ist vermutlich albern", murmelte Sarah. „Aber mir scheint es der *rechte* Weg zu sein."

Samuel hob eine Augenbraue hoch. „Wegen eines Wortspiels? Ah ja ..."

„Nun denn, lasst uns gehen", sagte Markus und ging voraus. Vorsichtig setzte er einen Fuß vor den anderen, um ja keine weitere Falle auszulösen. Doch hier schienen sie gefahrlos laufen zu können.

Nach einer Weile merkten sie, wie sie wieder nach oben kamen. Der Gang machte eine große Linkskurve und führte an einem großen Loch in der Seitenwand vorbei.

Neugierig guckte Dominik hindurch. Da rief er sofort alle herbei. „Schaut euch das an. Da unten ..."

Samuel erkannte, was Dominik meinte. „Die vermummten Männer ... und der Scheich, mit Clara."

„Warum ... laufen die dort und wir hier?", grübelte Dominik. „Sind wir etwa doch falsch abgebogen?"

Markus rieb sich seinen Bart. „Möglich wäre es. Immerhin irren wir ohne Lageplan umher. Die Karte hat uns ja leider der Scheich gestohlen."

„Dann sollten wir umkehren und ihnen folgen, wenigstens für den Moment."

„Ja", antwortete Markus knapp und bedeutete den anderen zurückzugehen.

Als sie unten an der Weggabelung angekommen waren, entdeckte Sarah eine Kreidemarkierung. „Seht mal! Die machen das genauso wie wir. An allen Weggabelungen haben wir ja auch eine Markierung mit Kreide gemacht, damit wir wieder zurückfinden."

Paul ging direkt in den mittleren Tunnel und bemühte sich, die Gruppe des Scheichs noch einzuholen.

Der Gang machte mehrere Knicke nach links und rechts und führte schließlich in eine größere Höhle, in die ein paar schwache Sonnenstrahlen von weit oben fielen. Hier führte eine schmale Treppe nach unten. Direkt neben ihnen fiel der Hang steil ab. „Achtung! Passt auf, wo ihr hintretet. Hier geht's ziemlich weit runter."

Schritt für Schritt tasteten sie sich vorwärts. Da passierte es: Sarah rutschte aus und verlor den Halt.

„Aaahhh!", schrie sie erschrocken auf.

Paul griff schnell nach ihr. Im letzten Moment konnte er sie noch festhalten und zog sie vorsichtig zurück auf die Treppe. Währenddessen flog Sarahs Taschenlampe hinunter, sprang über einen Felsvorsprung und traf irgendwo hart auf.

Sarah keuchte vor Schreck. Sie hatte sich noch immer an Paul festgekrallt, als wollte sie ihn nie wieder loslassen.

„Alles gut?", fragte er leise und strich ihr behutsam übers Haar. Er spürte deutlich ihren Puls rasen.

„Paul ... ich ... danke." Mehr brachte sie gerade nicht heraus. Langsam löste sie sich wieder von ihm. „Ich denke, es geht wieder." Dann ging sie weiter.

„Leute, wartet mal!", bat Samuel. Er ging einen Schritt auf den Abgrund zu, hielt sich an einem Felsen fest und leuchtete nach unten. „Ich kann die Taschenlampe sehen. Ist gar nicht so tief, vielleicht fünfzehn Meter. Und ich sehe noch etwas. Oder besser gesagt ... jemanden."

„Was? Da unten ist jemand?", fragte Dominik erstaunt.

Markus kam zu ihm und sah sich das ebenfalls an. „Du hast recht. Da liegt ein Mann. Ziemlich unbeweglich. Vielleicht ist er abgestürzt."

„Wir sollten runter und herausfinden, ob wir ihm helfen können", schlug Samuel vor.

Markus blickte sich um und entdeckte ein paar Meter weiter eine Art Felsenbrücke über ihnen. „Okay. Habt ihr ein Seil dabei?"

„Aber klaro, Paps. Ich hab Georgios unsere Adventure-Packs bringen lassen, ehe wir hier rein sind."

„Guter Junge!"

„Ach, weißt du, ich muss immer daran denken, wie wir uns damals über dich lustig gemacht haben, als du mit deiner Schatzjägermontur losgezogen bist. Inzwischen sehe ich das anders."

Pauls Vater lächelte zufrieden. Dann nahm er das Seil und schwang es über die Felsenbrücke über ihnen. Anschließend machte er einen Achterknoten auf der einen Seite und noch einen solchen Knoten mit Schlaufe auf der anderen Seite des Seils. „Okay, wer klettert runter?"

„Ich mach's!", meldete sich Samuel. „Ich vermute mal, dass ich der Einzige bin, der Klettererfahrung hat."

„Mach trotzdem vorsichtig", mahnte Markus. Langsam ließ er Samuel in die Tiefe hinunter, während Paul, Sarah und Dominik mit ihren Taschenlampen nach unten leuchteten.

„Und? Siehst du schon was?", rief Dominik.

„Mach doch nicht so einen Lärm", tadelte ihn Paul.

„Ups."

Schließlich kam Samuel unten an und rief: „Alles klar, ich bin unten."

„Und?"

Samuel schwieg einen Moment. „Dieser Mann ... er ist tot. Und zwar schon eine ganze Weile. Ich sehe eine Kopfwunde und ein gebrochenes Bein."

„Der arme Kerl", murmelte Sarah traurig.

„Hier ... ist etwas. Er hält etwas in der Hand. Moment, ich versuche ... es ... jetzt. Okay, ich bin so weit. Zieht mich wieder hoch!"

Gemeinsam mit seinem Vater zog Paul Samuel wieder nach oben.

„Ich hab mal ein paar Fotos gemacht", sagte Samuel und zeigte sie.

„Iieehhh!" Angewidert wandte Sarah den Blick ab.

„Hm ... er sieht echt übel aus", bestätigte Markus.

„Ach, und ich hab was gefunden. Hier, diese Landkarte. Kommt sie dir bekannt vor, Markus?"

Interessiert betrachtete Markus die Karte. „Ja, du hast recht. Sie sieht derjenigen, die der Scheich mir gestohlen hat, verblüffend ähnlich." Dann klappte er die Karte zusammen und sah auf einmal sehr traurig aus.

„Was hast du?", erkundigte sich Sarah.

„Aller Wahrscheinlichkeit nach ist das Dr. Salvini, der da unten liegt."

„Oh nein!"

Paul kramte in seinen Gedanken. Dann fiel es ihm wieder ein. „Stimmt. Er schrieb in seinem Brief davon, dass er vermutlich schon tot sei, wenn dieser Brief ankommen würde. Krass! Dann hat dieser Mann bereits Vorsorge getroffen für den Fall, dass er es nicht schafft."

Sarah hatte Tränen in den Augen. „Der arme Mann! Er ist abgestürzt und hatte niemanden, der ihm helfen konnte. Und dann ... ist er ... ganz allein gestorben."

In diesem Moment waren alle ganz betroffen.

Nachdenklich sagte Samuel: „Wir leben unser Leben oftmals einfach so vor uns hin. Ohne darüber nachzudenken, dass es

ganz schnell vorbei sein kann. Dr. Salvini hat das schmerzlich erfahren müssen."

Behutsam legte Markus die Hand auf Sarahs Schulter. „Wenn es dir ein Trost ist – ich glaube, dass Dr. Salvini nicht ganz unglücklich gestorben ist. Aus seinem Brief lese ich eine große Leidenschaft für Gottes Wort heraus. Die kann man nur besitzen, wenn man ein Kind Gottes ist. Obwohl er da unten verloren war, wusste er, dass ein neues Leben bei Gott im Himmel auf ihn wartete. Davon bin ich überzeugt."

„Ach, Markus ..." Sarah seufzte, vergrub sich in seiner Jacke und begann zu weinen.

Samuel versuchte, die Situation irgendwie zu wenden. „Aber das Gute ist, dass wir jetzt einen Vorteil haben, denn wir besitzen nun einen Lageplan des Labyrinths."

Markus wartete noch einen Augenblick. Dann fragte er Sarah leise: „Geht's wieder?"

Sarah schniefte noch einmal kräftig, nickte und wischte sich die Tränen weg.

Plötzlich erschütterte eine Explosion die Höhle.

„Los, schnell runter von der Treppe", trieb Markus das Team an.

So schnell es ging, stiegen sie die letzten Stufen nach unten und überlegten, in welche Richtung sie nun gehen sollten.

„Was sagt der Lageplan?", wollte Paul wissen.

Markus faltete die Karte auseinander und murmelte: „Also ... wir sind hier, und demnach müssen wir ..."

Da stupste Sarah ihn an. „Ich glaube nicht, dass ihr groß suchen braucht. Wir müssen wohl nur dem Rauch folgen."

„Wieso dem Rauch?", fragte Paul irritiert und schaute sich um. „Ah ... dieser Rauch. Der muss von der Explosion kommen. Wir sollten uns vorsichtig nähern."

„Irgendwie hab ich gerade ein Déjà-vu", grummelte Dominik.

„Was?", lachte Samuel. „Seit wann schmeißt du denn mit Fremdwörtern um dich."

Dominik war gerade überhaupt nicht nach Lachen zumute. „Damals, in Villstein. Als wir gerade das Buch der Wahrheit in der Höhle des Ordens gefunden hatten ... Da hat doch dieser wahnsinnige Mr. Black den Höhleneingang gesprengt."

„Du hast recht", bestätigte Markus. „Das trägt die Handschrift der Sektion. Ich frag mich nur, was es hier zu sprengen gibt."

„Finden wir's heraus!", schlug Samuel vor und ging voran.

Gefährliche Schatzsuche

Kapitel 14

Je näher sie kamen, desto lauter wurden die Stimmen der Männer, die offenbar damit beschäftigt waren, das Geröll wegzuräumen, das durch die Explosion entstanden war.

Da hörte Paul, wie Clara mit dem Scheich zu schimpfen begann. „Ahmed ... ich darf Sie doch so nennen, ja? Es war absolut unnötig, ein Loch in die Wand zu sprengen. Als ehemalige Kollegen ...“

„Kollegen?“, unterbrach er sie fragend.

Inzwischen hatten sich Paul und seine Freunde herangeschlichen. Sie konnten das Treiben genau beobachten und sogar das Gespräch zwischen Clara und dem Scheich belauschen.

Clara erklärte: „Sehen Sie, ich habe mich die ganze Zeit gefragt, warum Sie so eigenartig auf mich reagiert haben, als Markus mich Ihnen vorstellte – kurz bevor wir damit begannen, Ihre Kunstschätze zu untersuchen. Ich glaube, ich weiß es jetzt. Sie arbeiten für Sektion13. Dort haben Sie meinen Namen vermutlich schon einmal gehört.“

„Ha!“, winkte der Scheich ab. „Ich kenne keine Sektion ... 13. Wie kommen Sie auf so einen Unsinn?“

„Sie können dieses Spiel – mir gegenüber – bleiben lassen, Ahmed. Ich habe selbst viele Jahre lang für sie gearbeitet. Deshalb kenne ich auch Ihren Chef – Crowley.“

Jetzt reagierte der Scheich. „Crowley? Woher ...?“

„Wie ich schon sagte: Ich kenne ihn, weil ich für ihn gearbeitet habe. Aber das ist seit einiger Zeit vorbei. Crowley ist ein mieser Betrüger. Ich habe Jahre darauf gewartet, dass er sein Versprechen wahr machen würde. Das war damals der einzige Grund, weshalb er mich überhaupt anwerben konnte.“

Zweifellos war nun die Neugier des Scheichs geweckt. „Wenn Sie erlauben, was hat er Ihnen versprochen?"

„Er wollte mir helfen, meine Familie zu finden."

„Ihre Familie? Hm ..."

Clara stand auf, stellte sich ihm gegenüber auf und bat mit ruhiger Stimme: „Würden Sie so freundlich sein und mir die Fesseln abnehmen? Ich laufe Ihnen nicht davon."

Der Scheich schien abzuwägen. Doch dann nickte er und murmelte: „Drehen Sie sich um."

Clara drehte sich um, sodass er die Fesseln lösen konnte. Nachdem das Seil endlich weg war, rieb sich Clara die Handgelenke. „Danke!"

„Frau Goldstein Zyper-Mayer, warum haben Sie Ihre Familie gesucht?", wollte der Scheich wissen.

„Ach, bitte, nenne Sie mich Clara! In Ordnung? Das ist eine lange Geschichte. Kurz gesagt, während ich in jungen Jahren – für eine lange Zeit – in einem Internat lebte, starben meine Eltern unter unbekannten Umständen. Später begann ich nachzuforschen, um noch irgendjemanden von meiner Familie zu finden. Wissen Sie, ich fühlte mich sehr ... einsam."

„Ich ... verstehe", murmelte der Scheich.

„Aber als ich Crowley immer besser kennenlernte und feststellte, dass seine Methoden extrem fragwürdig wurden – er schreckte nicht einmal davor zurück, Kindern zu schaden – traf ich eine Entscheidung und verließ die Sektion. Für immer."

Nachdenklich ging der Scheich einige Schritte auf und ab und musterte die Archivarin. „Er hat auch mir befohlen, die Kinder aus dem Weg zu räumen. Er übte sogar ungewöhnlich viel Druck auf mich aus und tat etwas, das ich ihm niemals verzeihen werde. Er verlangte sogar von mir", dabei stockte er und starrte zu Boden, „... aber das konnte ich einfach nicht."

Clara legte die Hand sanft an den Arm des Scheichs und flüsterte ihm etwas ins Ohr.

Da runzelte der Scheich die Stirn und murmelte etwas.

In diesem Moment kam einer der Männer und rief etwas auf Arabisch.

Sofort verhärtete sich der Gesichtsausdruck des Scheichs wieder, und er folgte dem Mann.

„Hinterher!“, befahl Paul und huschte gebückt zum nächsten Felsvorsprung. Nun konnte er deutlich sehen, dass die Männer ein Loch in die Wand gesprengt hatten.

Der Scheich ging mit seinen Männern und Clara hindurch und verschwand im Dunkel.

Langsam wagte sich Samuel aus der Deckung und betrachtete das Loch und die Wand daneben. „Wie es aussieht, hatten sie keine Lust, das Rätsel um die achte Plage zu lösen. Hier gibt es Reliefs von kleinen Tieren. Ich vermute mal, das sollen Heuschrecken sein.“

Markus schüttelte den Kopf. „Diese Banausen!“ Er wartete noch einen Moment, bis die Stimmen der Männer nicht mehr zu hören waren. „Gehen wir!“ Langsam folgte er ihnen in den dunklen Gang hinein. Es dauerte nicht lange, und sie erreichten eine weitere Weggabelung. Markus holte die Karte aus dem Rucksack und breitete sie aus. „Sooo ... also, ich habe unseren Weg vorhin einmal eingezeichnet. Das bedeutet, dass wir jetzt an dieser Kreuzung stehen.“

Dominik wollte endlich mal ein Held sein und rief die anderen zu sich. „Ich glaube, wir müssen hier entlang. Hier befinden sich Fußspuren im Sand. Außerdem ist das hier der größte Gang.“

Doch Paul schüttelte den Kopf. „Wartet mal! Wenn wir dieser Karte hier vertrauen, dann sollten wir links abbiegen. Denn der mittlere Weg führt in eine Sackgasse.“

Markus schmunzelte und meinte: „Der offensichtliche Weg ist selten der richtige, Dominik.“

„Okay. Dann gehen wir am besten hier entlang“, sagte Sarah und machte sich auf den Weg. Doch wenige Meter später hielt sie plötzlich an. „Hört ihr das?“

Angestrengt horchten die anderen in die Stille hinein.

„Plätschert da etwas?“, murmelte Samuel.

„Ja, das denke ich“, nickte Sarah und lief weiter. Der Gang machte einen Knick und endete plötzlich. „Huch!? Sind wir hier auch richtig?“

Irritiert nahm Paul die Karte noch einmal zur Hand. „Doch, auf jeden Fall. Jedenfalls laut Karte.“

Markus zwängte sich an Sarah vorbei und wollte nachprüfen, warum der Gang hier endete. Da stolperte er und fiel hin. „Autsch!“

„Alles okay, Paps?“, erkundigte sich Paul.

„Ja, ja. Nichts passiert“, antwortete er genervt. „Moment mal ... das ist interessant. Hier unten befindet sich eine eingravierte Inschrift auf dem Sockel, über den ich gerade gestolpert bin.“

„Was steht da?“

„Ex 10 21. Wenn ich nicht irre, dann ist das wieder eine Bibelstelle. Exodus 10,21 – also 2. Mose 10,21. Das müsste die neunte Plage sein. Die Finsternis.“

„Dann sind wir jedenfalls auf der richtigen Spur“, erkannte Sarah.

Samuel leuchtete mit der Taschenlampe nach vorn und stutzte. „Wieso ist es in dem Gang so extrem dunkel? Das Licht meiner Lampe müsste doch irgendwo reflektiert werden.“

Vorsichtig tastete sich Markus vorwärts. „Autsch! Schon wieder.“

„Paps, was machst denn du?“, fragte Paul grinsend.

„Ah, ich glaube ... ich weiß, was hier los ist“, murmelte er. „Berührt mal die Wände um euch herum. Je weiter wir vorwärtslaufen, desto dunkler scheint es zu werden. Nur wenn man ganz dicht davorsteht, sieht man es.“

„Ja, jetzt sehe ich es auch. Hier hängen ringsum moosartige Gewächse.“ Samuel tastete alles ab und staunte. „Das ist ja voll krass. Diese Pflanzen brechen das Licht, sodass es kaum noch reflektiert wird. Deshalb wirkt es hier so dunkel.“

„Ich glaube, ich habe den Ausgang gefunden“, rief Markus. „Hier unten. Ihr müsst auf Knien durchrutschen.“

Einer nach dem anderen kroch durch die niedrige Öffnung am Boden.

Sarah war schon einige Schritte vorausgegangen und stand auf einmal an einem See, der sich durch die ganze Höhle zu ziehen schien. „Leute, hier liegt ein Boot.“

Markus und Samuel untersuchten das Boot und freuten sich. Es schien vollständig intakt zu sein.

„Sogar ein Ruder gibt es“, jubelte Dominik. „Darf ich?“

„Aber klar doch. Immerhin bist du unsere Sportskanone“, witzelte Sarah.

Sie stiegen ein, und Dominik stieß das Boot vom Ufer ab.

Markus leuchtete die Wände ab. Auf einmal begann er zu lächeln. „Schaltet bitte mal eure Lampen aus.“

„Wie soll ich denn im Dunkeln navigieren?“, beschwerte sich Dominik.

„Vertraut mir!“

Nacheinander knipste jeder seine Lampe aus. Allmählich gewöhnten sich ihre Augen an die Dunkelheit.

„Wow!“

„Krass!“

„Meine Güte!“

Nachdem es dunkel geworden war, entdeckten sie auf einmal weiß-blaue Leuchtpunkte an der Decke der Höhle. Je weiter sie fuhren, desto mehr wurden es – wie viele kleine Lämpchen.

„Wunderschön!“, schwärmte Sarah.

Paul staunte: „Schaut euch mal an, wie toll sich das auf der Wasseroberfläche spiegelt. Sind das Glühwürmchen?“

Markus hob die Schultern. „So genau weiß ich das auch nicht. Als ich die Decke betrachtete, erinnerte ich mich an eine Expedition in einer chinesischen Höhle. Das sah dort so ähnlich aus – und leuchtete ebenfalls. Leider weiß ich nicht mehr, was es war. Aber es sieht wirklich fantastisch aus.“

Sarah sagte andächtig: „Gottes Schöpfung ist wirklich ein Wunder!"

„Wie können die so leuchten?", fragte Dominik, während er das Boot langsam vorwärtssteuerte.

Samuel überlegte: „Ich glaube, das nennt man Biolumineszenz. Hatten wir irgendwann mal in der Schule."

Es war wie in einer anderen Welt. Nur sie und das Leuchten. Hier unten war es absolut still. Nur das leise Plätschern des Wassers war zu hören. Schließlich hatten sie das andere Ufer erreicht.

Paul sprang auf, verneigte sich und hielt Sarah die Hand hin.

„Oh, danke", säuselte sie gespielt vornehm. „Ein Gentleman."

„Bitteschön, die Dame", spielte er mit.

Doch Samuel setzte noch einen drauf. Mit künstlich übertriebener Empörung fragte er: „Hey, der Herr! Was ist mit mir?"

Paul konnte sich das Lachen kaum verkneifen. Doch als er dann seine Hand ausstreckte und versuchte, besonders höflich, zu sagen: „Oh, bitte, die Dame!", musste er auf einmal loslachen.

Samuel sprang aus dem Boot und zischte hochnäsig grinsend: „Ts ts ts ... die Jugend von heute. Keine Manieren mehr."

Markus schmunzelte. „Jetzt aber weiter."

Der Weg führte über eine freischwebende Steinbrücke, die einen tiefen Abgrund überspannte.

Langsam ging Paul voran. „Seid vorsichtig!"

Auf der anderen Seite führte der Weg durch zwei Felsmonumente, die die Form von riesigen Schafen hatten. Weit oben waren kleine Öffnungen erkennbar, die einige Sonnenstrahlen in die Höhle ließen. Nebel hüllte die Höhle in ein geheimnisvolles Licht.

„Faszinierend!", murmelte Markus.

Direkt dahinter betraten sie eine große runde Fläche.

„Das ist ... interessant", sagte Sarah. „Seht mal! Rings um diese Steinfläche befinden sich mehrere Steinsockel."

„Es sind zweiundzwanzig an der Zahl", ergänzte Dominik.

Samuel murmelte vor sich hin und ging von einem zum anderen. Dann sagte er laut: „Die sind alle beschriftet mit ... ähm ... keine Ahnung."

Inzwischen hatte sich Markus die Sockel ebenfalls angeschaut. „Das sind hebräische Buchstaben. Auf jedem Steinsockel einer. Interessant."

„Lasst mich raten", meinte Dominik. „Ein Code?"

Paul und Samuel grinsten sich an. Wenn es um Rätsel und Codes ging, waren sie zur Stelle.

„Wenn es genau zweiundzwanzig Buchstaben sind, haben wir das ganze hebräische Alphabet vor uns", erklärte Markus.

„Tja." Sarah hob die Schultern. „Und was buchstabieren wir jetzt?"

„Gute Frage ..." Geistesabwesend lief Markus hin und her, verschränkte die Arme und zwirbelte seinen Bart.

Auf einmal gab es einen gewaltigen Ruck, und die Steinsockel versanken langsam im Boden.

„Dom, was hast du jetzt wieder angestellt?", rief Paul aufgeregt.

„Gar nichts!", antwortete er mit unschuldiger Miene und schüttelte den Kopf. „Wirklich!"

Samuel hob verschämt die Hand. „Äh, sorry, Leute. Ich glaub, das war ich, als ich mich auf einen der Sockel gesetzt hab."

„Mensch, Samuel!", schimpfte Paul.

Verärgert rechtfertigte sich Samuel: „Woher sollte ich denn wissen, dass das überdimensionale Knöpfe sind?"

„Ihre beide – Schluss damit!", rief Sarah wütend. „Löst lieber das Problem. Und zwar schnell! Wenn die Sockel ganz weg sind, können wir den Code nicht mehr eingeben."

Wie auf Kommando wandten sich die beiden Jungs voneinander ab und untersuchten die Sockel genauer.

Markus stand wieder vor den zwei riesigen Schafsmonumenten. Dann umrundete er sie und stellte sich schließlich genau in ihre Mitte. Gedankenverloren murmelte er: „Warum zwei große Schafe? Was soll das bedeuten?"

„Paps, mir fällt nichts ein", rief Paul. Wie ein aufgescheuchtes Huhn rannte er hin und her. „Die Sockel sind gleich verschwunden."

„Schafe und hebräische Buchstaben ... Schafe und ..."

Da hatte Sarah eine Idee. „Ich denke, es ist die zehnte Prüfung, also die zehnte Plage, die Gott über ganz Ägypten kommen ließ."

Samuel kam dazu und sagte: „Das wäre dann der Tod."

„Ah!" Aufgeregt schnellte Markus' Finger in die Luft. Er hatte wohl gerade einen Geistesblitz. „Danke, Sarah! Das war ein super Tipp. Jetzt weiß ich, wie das zusammenhängt. Diese großen Steinmonumente sind keine Schafe, sondern genauer gesagt Lämmer. Die Lämmer und die hebräischen Buchstaben bilden die Verbindung zum Passahfest!"

„Also müssen wir das Wort Passah buchstabieren oder besser gesagt drücken?", fragte Sarah.

„Ja, das denke ich."

„Na, dann nichts wie los!" Schon stürmte Dominik los und suchte den ersten Buchstaben. Er rannte den ganzen Kreis ab. „So ein Mist. Hier gibt's alle möglichen komischen Zeichen. Die haben das P vergessen!"

„Wie?" Markus kratzte sich am Kopf. „Oh, äh ... nicht das P. Auf den Steinen sind ja hebräische Schriftzeichen, keine lateinischen, wie wir sie verwenden. Außerdem fällt mir gerade noch ein, dass man im Hebräischen von rechts nach links liest. Also Moment ... sucht einen Buchstaben, der wie ein G aussieht, das auf dem Kopf steht."

„Hab ich!", rief Sarah. „Soll ich draufdrücken?"

„Ja!", schrie Paul, als es über ihm zu rieseln begann. „Oh nein! Nicht schon wieder." Im nächsten Moment begann es, Kieselsteine zu regnen. „Leute ... wir müssen Dampf machen! Ich habe ein ungutes Gefühl."

Das Geräusch wurde immer lauter. Gleichzeitig fielen von oben immer mehr Steine herab.

Markus rief: „Jetzt brauchen wir so etwas wie ein O."

Dominik rannte eine halbe Runde, fand den Buchstaben und schlug drauf. „Hab ihn!"

Auf einmal zuckte Sarah zusammen: „Aua!"

Dann erwischte es Samuel: „Weg! Mistviecher!"

„Der Hagel, die Mücken ..." Paul schluckte. „Kommen jetzt etwa alle zehn Plagen auf einmal?"

Plötzlich schrie Markus: „ACHTUNG!"

Alle schauten reflexartig nach oben, von wo ein mächtiger Felsbrocken angeflogen kam.

Samuel und Dominik konnten gerade noch zur Seite springen.

Im letzten Moment riss Sarah Paul herum.

Der Felsbrocken knallte laut auf den Boden und zerbrach in mehrere Teile.

„Uff, danke dir!" Pauls Herz klopfte bis zum Hals.

„Ahh! So ein Mist. Helft mir!", rief Markus. „Ich hab mir den Fuß eingeklemmt.

„Der nächste Buchstabe, Paps. Schnell! Ich sehe die Sockel kaum noch."

Unter Schmerzen rief er: „Sucht nach einem N!"

Wie bei einem Hindernislauf rannte Paul um die herumliegenden Steinbrocken und musste vor weiteren Steinen ausweichen, die unablässig herabfielen. „Gefunden!", keuchte er. „Was ist das?" Der Sockel war inzwischen mehrere Zentimeter tief im Boden versunken, als auf einmal eine rote Flüssigkeit in die Vertiefung floss. „Ist das ... Blut?" Ihn schauderte.

Paul presste die Augen zusammen, griff in die rote Soße und drückte den Sockel mit aller Kraft nach unten.

RUMMS!

Mit einem Mal war der ganze Spuk vorbei.

Paul zog seine Hand wieder aus der Vertiefung und sah die rote Flüssigkeit von seiner Hand tropfen. Da stutzte er. Für Blut schien es viel zu dünn zu sein. Er roch daran und verzog das Gesicht. Es stank nach ranziger Farbe.

„Aaahhh!“ Ein erneuter Schmerzenslaut seines Vaters riss ihn aus seinen Gedanken. Er rappelte sich auf und kletterte über die Steinbrocken zu seinem Vater.

„Paps, was ist passiert?“

„Dieser große Felsbrocken ist direkt neben mir aufgeprallt und zerbrochen. Dann ist er umgekippt und mein Fuß ... na ja, siehst du ja.“

„Mist!“

Das Siegel des Falken

Kapitel 15

Samuel ging umher und murmelte: „Gebt mir einen Hebel, der lang genug ist ..."

„... und ich hebe die Welt aus den Angeln!", ergänzte Paul. „Super Idee, Sam! Lasst uns einen Hebel suchen. Eine lange Stange. Irgendetwas in der Art."

Die vier strömten auseinander und begaben sich auf die Suche nach einer langen Stange.

„Oh Mann! Wo sollen wir denn hier so etwas finden?", jammerte Sarah. Doch da entdeckte sie etwas. „Freunde, schaut euch das an!"

Paul, Samuel und Dominik eilten zu ihr und staunten nicht schlecht.

„Die Tür war mir noch gar nicht aufgefallen", sagte Dominik verwundert.

„Mir auch nicht", antwortete Samuel kopfschüttelnd. „Diese Tür haben wir bestimmt durch den richtigen Code geöffnet."

Langsam gingen die vier durch die nun offene große Tür und betraten einen großen runden Raum.

„Wow!", hauchten sie erstaunt.

„Ich bin beeindruckt. Was ist das hier?" Samuel ging eine breite Treppe hinab, die den ganzen Raum umrundete. In der Mitte des Raumes befand sich ein leeres Steinpodest. „Was da wohl draufgehört?"

„Helft ihr mir mal?", bat Paul, der gerade versuchte, einen riesigen Metallspeer aus der Hand einer großen Steinstatue herauszuziehen.

„Hey, das nenn ich mal 'nen Hebel", staunte Samuel und kletterte zu Paul auf die Statue. „Boah, ist das Ding schwer."

Gemeinsam zogen, drehten und schoben sie den Speer Zentimeter für Zentimeter aus der Verankerung.

„Achtung!", rief Paul. Im nächsten Augenblick fiel der Speer krachend zu Boden.

Zu dritt balancierten Dominik, Samuel und Paul den Speer nach draußen zu Pauls Vater.

„Meine Güte", staunte er. „Wo habt ihr den denn her?"

„Von nebenan", sagte Dominik grinsend.

Sarah machte sich bereit, Markus' Fuß herauszuziehen.

Die Jungs setzten den Speer mit der Spitze unter dem Felsbrocken an und hängten sich mit aller Kraft dran. „Hauruck! Nochmal! Hauruck!"

„Jeeeeeeetzt!", schrien die Jungs im Chor.

Der Felsen hob sich ein kleines Stück an, und Sarah zog Markus' Fuß heraus. Kaum war er draußen, brach die Speerspitze ab, und der Felsen kippte zurück.

„Uhhh ... das war aber knapp", keuchte Markus und rieb sich den Fuß.

„Kannst du gehen?", erkundigte sich Sarah besorgt.

Vorsichtig trat Markus auf. „Es ... geht schon." Sein schmerzverzerrtes Gesicht sagte jedoch etwas ganz anderes. „Aaahhh!"

Paul und Samuel stützten ihn. Gemeinsam suchten sie einen halbwegs passierbaren Weg durch die Felsbrocken. Schließlich hatten sie es geschafft und führten Markus in den neu entdeckten Raum.

„Atemberaubend!", murmelte Markus.

Von oben fielen Lichtstrahlen durch mehrere Löcher in der Decke der Höhle und tauchten den Raum in ein gelbliches Licht, in dem man sogar die Luftbewegung des Nebels erkennen konnte. Es sah malerisch und zugleich mysteriös aus. Rings um den Raum befanden sich zwischen großen Steinsäulen mehrere Soldatenstatuen mit je einem Speer in der Hand.

„Lasst mich runter! Ich muss mich mal setzen", bat Markus. Ächzend versuchte er, den Fuß zu bewegen. „Aaahhh!"

Besorgt bückte Paul sich. „Ist er gebrochen?“

„Möglich. Na, das fehlte mir jetzt noch.“

„Diese Soldaten sehen alt aus“, mutmaßte Sarah.

Markus blickte auf und versuchte, mehr zu erkennen. „Ich schätze, mindestens 3000 Jahre.“

„Was? So alt?“, staunte Dominik.

„Zumindest ihr Aussehen wurde antiken Soldaten aus dem westasiatischen Raum des späten zweiten Jahrtausends vor Christus nachempfunden.“

Samuel nickte froh: „Ist schon praktisch, wenn man einen Geschichtswissenschaftler im Team hat.“

„Ach was!“ Markus schüttelte den Kopf. „Im Moment werde ich euch keine große Hilfe sein.“

Dominik begutachtete gerade das große Steinpodest, das sich in der Mitte des Raumes befand. „Hier sind ein paar leere Fächer. Ob da was fehlt?“

Sarah betrachtete die Fächer genauer. „Das kommt mir irgendwie bekannt vor. Zwei Hochkantbalken und ein Querbalken darüber. Hm ... aber wenn das tatsächlich Fächer sein sollten, sind sie leer. Dann muss es etwas geben, das man da reinstecken kann.“

Markus horchte auf. „Zwei hochkant, einer quer darüber? Das klingt nach der Vollendung der zehnten Plage.“

„Aber natürlich!“ Samuel klatschte sich an die Stirn. „Das ist ein Zeichen des Passah. Bevor die zehnte Plage kam, hatte Gott zu Mose gesagt, die Israeliten sollten ein Lamm schlachten und sein Blut an die beiden Türpfosten und den oberen Querbalken streichen. Das ergibt alles zusammen Sinn. Die beiden großen Felsmonumente als Lämmer, das hebräische Wort für Passah – oder Pessach – und jetzt das Blut des Lammes an der Tür.“

Paul kam angesprungen und kletterte auf das Podest, um nachzusehen. Genau in diesem Augenblick sank das Podest etwas nach unten, und es öffneten sich drei Türen gleichzeitig. Erschrocken sprang Paul wieder herunter. Es gab einen kleinen Ruck, und das Podest hob sich wieder an. Gleichzeitig schlossen sich die drei Türen wieder.

„Ey, Kumpel! Du hast soeben eine, nein, gleich drei Geheimtüren gefunden", freute sich Dominik. „Los, stell dich noch einmal drauf!"

Paul zögerte einen Moment, doch dann trieb ihn die Neugier an, und er kletterte wieder hoch. Die Türen öffneten sich wieder und gaben den Zugang zu kleinen Tunneln frei.

„Ich bin ja bestimmt kein Experte, was Rätsel angeht", flunkerte Samuel ironisch, „aber wenn ich bedenke, dass wir drei leere Schubfächer und jetzt drei Türen haben, scheint es wahrscheinlich, dass wir da drin die fehlenden Objekte finden. Was meint ihr?"

Paul nickte. „Klingt logisch."

„Ich bin dafür, dass wir da reingehen und nachschauen", sagte Samuel bestimmt.

„Was sollen wir tun, Paul?", fragte Sarah.

Paul fühlte sich unwohl in seiner Haut. Gerade hatte er das Gefühl, dass – egal, was er sagen würde – es falsch wäre. „Wir wissen nicht, was euch da drin erwartet. Ich ... kann euch das nicht vorschreiben. Es ist eure Entscheidung."

„Und wenn ich wieder was kaputt mache?", klagte Dominik.

„So ein Quatsch!" Paul schüttelte vehement den Kopf. „Ihr seid alle klasse Detektive und Abenteurer. Außerdem wollen wir den nicht vergessen, der alles in der Hand hat. Bevor ihr geht, bete ich mit uns. *Herr Jesus, wir danken dir, dass du uns bis hierher so gut begleitet und geführt hast. Danke, dass du uns vor schlimmeren Verletzungen bewahrt hast und auch meinem Vater beistehst. Bitte segne jetzt Sarah, Dom und Sam bei ihrem Schritt ins Ungewisse. Wie auch immer dieses Abenteuer endet, wir geben dir die Ehre. Amen!*"

„Amen!", antworteten die anderen.

Dann lächelte Paul und sagte: „Ihr schafft das. Ich vertraue euch!"

Einen Moment lang starrten sie Paul an, wie er so dastand, auf dem Podest. Er wirkte irgendwie so ... groß, als wäre er gerade gewachsen. Dann verschwanden sie in ihren Tunneln.

Die Minuten verstrichen.

Paul setzte sich. „Vielleicht hätte ich doch lieber mitgehen sollen", murmelte er unruhig.

„Einer muss doch auf dem Podest bleiben", erinnerte ihn sein Vater mit schmerzverzerrtem Gesicht. „Ich komme da im Moment nicht hoch. Meinen Fuß mag ich gar nicht bewegen."

„Ja, schon. Aber vielleicht hätte ich Sarah hierlassen sollen, um an ihrer Stelle zu gehen. Wenn ihr nun etwas zustößt, das könnte ich mir nie verzeihen."

„Du magst sie sehr, oder?"

Darauf antwortete Paul nicht.

„Weißt du, mein Sohn, einen guten Teamführer macht vor allem die Fähigkeit aus, seine Leute zu kennen und sie auch machen zu lassen, ihnen etwas zuzutrauen."

Paul sah auf. „Wieso glaubst du, dass ich Teamführer sei oder werden könnte?"

Sein Vater lachte leise. „Ach, komm schon. Man muss schon blind sein, um das nicht zu erkennen. Sie schauen zu dir auf. Das werden sie dir niemals so direkt sagen. Aber ich habe euch nun schon lange beobachten können. Seit du damals Dominik gerettet hast, hast du einen Stein bei ihnen im Brett. Im Laufe der Zeit hast du oft gezeigt, dass du planen kannst, mutig bist und auch einen Blick für deine Freunde und sogar andere Menschen hast. Deine Unsicherheit hat, so glaube ich, einen ganz anderen Grund."

„Und der wäre?"

„Gehorsam."

„Bitte, was?" Paul verzog das Gesicht. Eine Standpauke hatte er jetzt nicht erwartet.

„Ich spreche von Gehorsam Gott gegenüber." Pauls Vater ließ seinem Sohn Zeit zum Nachdenken.

„Das ... verstehe ich nicht. Ich finde Gott doch super und ich bete auch immer mal wieder."

„Ja, das ist auch gut und schön." Pauls Vater überlegte. „Lass es mich mit Worten aus der Bibel versuchen, und zwar aus dem Hebräerbrief. Im dritten Kapitel gibt es den Ausspruch: *Wenn ihr heute die Stimme Gottes hört, verschließt euch seinem Reden nicht* ... und weiter: *Wer waren denn die Menschen, die sich gegen Gott auflehnten, obwohl sie seine Stimme hörten? Waren es nicht gerade die Leute, die Mose aus Ägypten geführt hatte?* Paul, verstehe diese Worte am besten als einen Vergleich. Wenn davon die Rede ist, dass Menschen Gottes Stimme gehört haben, ihn aber dennoch ignorierten oder, besser gesagt, ihm nur halb zuhörten, dann passt es auch auf dich, denke ich. Gott mag keine halben Sachen. Er ist – dir gegenüber – schon stark in Vorleistung gegangen, würde ich sagen. Aber was ist mit deiner Reaktion auf ihn?"

Paul hockte sich hin. „Na ja, ich denke schon ziemlich oft über Gott nach. Aber ich hab das Gefühl, dass er mir noch immer etwas weit weg vorkommt. Ich fühle mich nicht wirklich mit ihm verbunden, verstehst du?"

„Das ist ja auch kein Wunder. Bisher hast du Gott auch vielmehr als – entschuldige, wenn ich das so sage – Wunschautomat benutzt. Du hast keine persönliche Beziehung zu ihm. Doch gerade jetzt ruft er dich!"

Paul kratzte sich am Kopf. „Du meinst, weil ich schon viele Erlebnisse mit Gott hatte, ihn also gehört und erlebt habe, sollte ich endlich ganze Sache mit ihm machen. Richtig?"

Sein Vater nickte. „Ja! Ich denke, du hast Angst davor, deinen Platz als Teamführer einzunehmen, weil dir ein wichtiger Schritt fehlt. Lass dein altes Ich endlich los. Gib es Jesus, der genau dafür gestorben ist – für dein altes, schuldiges und egoistisches Ich. Übergib ihm ab sofort die volle Kontrolle über dein Leben und erlebe seine Güte und Liebe! Aus Erfahrung kann ich dir sagen, es ist das Beste, was du tun kannst."

Paul nickte und machte ganze Sache mit Gott. Er kehrte sich völlig zu Jesus hin und nannte ihm all das Dunkle und Böse, das er in seinem Leben wusste. „Herr Jesus, ab heute sollst du der Chef in meinem Leben sein!"

Gerade als er Amen sagte, kamen seine Freunde fast gleichzeitig zurück.

„Erster!", rief Dominik und sprang aus der Tür. Direkt danach erschien Samuel, und wenig später kletterte Sarah aus dem Tunnel.

„Na endlich", schnaufte Paul erleichtert. „Ich hab mir schon Gedanken gemacht." Er sprang vom Podest und ließ seine Freunde ihre Funde präsentieren. Jeder von ihnen hatte einen quaderförmigen Stein mitgebracht.

„Unsere Vermutung ist wohl korrekt." Paul sah sich die Steine an, die seine Freunde mitgebracht hatten. „Sie sind alle mit roter Farbe bestrichen – wie das Blut."

Nacheinander steckten sie die Steine in die Öffnungen. Nachdem Samuel den dritten Stein hineingeschoben hatte, geschah erst gar nichts. Doch plötzlich spürten sie eine leichte Vibration, und Dreck rieselte von der Decke. Als sie nach oben blickten, bemerkten sie, dass ein großer Steinblock herabgefahren kam. Immer tiefer. Bis auf das Podest, dort blieb er stehen.

„Was ist das?", fragte Dominik in die Runde und lief um den Steinblock herum.

„Das, meine Freunde, ist die Zukunft." Soeben erschien der Scheich mit der Archivarin und seinen Männern, grinste über beide Ohren, verneigte sich und sagte: „Vielen Dank für eure Mühe! Ihr habt mir wirklich eine Menge Arbeit erspart. Ich wusste doch, dass ich auf euch zählen kann. Ihr werdet eurem Ruf definitiv gerecht."

„Sie schon wieder!?", platzte es aus Sarah heraus. „Wissen Sie, dass Sie langsam nerven?"

„Na, na, wer wird denn gleich so unhöflich? Seid ihr mir nicht eigentlich zu Dank verpflichtet?"

„Sie verlogener ..."

„Das reicht!", befahl Markus. „Ihr habt euren Standpunkt klargemacht. Mr. al-Zahyyid muss sich selbst für sein Handeln verantworten.

„Wir kommen hier sowieso nicht weiter", erklärte Paul. „Der Steinblock ist fest verschlossen. Es scheint hier zwar eine Art Schloss zu geben, aber wir besitzen keinen passenden Schlüssel."

„Hm", schmunzelte der Scheich. „Das stimmt nicht ganz. Ich war so frei, eure Hotelzimmer durchsuchen zu lassen."

„Sie haben WAS?"

„Ihr hattet das hier vergessen." Triumphierend hielt er den kaputten Kompass in die Höhe. Dann warf er ihn Paul zu und forderte ihn auf: „Öffne ihn! Bitte!"

„Also, wenn Sie *bitte* sagen, kann ich ja kaum widerstehen", grunzte Paul sarkastisch. Er sah sich das vermeintliche Schlüsselloch an und dann den Kompass. Jetzt erkannte er, dass die Gravur an der Rückseite des Kompasses das Gegenstück zum Loch im Steinblock bildete. Vorsichtig steckte er den Kompass in das Schlüsselloch. Er rastete ein. Doch nichts geschah. „Moment ... er ist kaputt", dachte Paul und neigte den Kopf. Dann kam ihm eine Idee, und er drehte den Kompass so weit, bis Norden nach oben zeigte. Beim letzten Klick ging ein kräftiger Ruck durch den Steinblock, und der Block teilte sich in vier Stücke, die sich ein wenig nach außen schoben. Gleichzeitig verschoben sich die Bodenplatten, die rings um das Podest lagen, sodass ein Holzrahmen sichtbar wurde.

„Mein Kompliment, junger Herr. Du machst deinen Vorfahren alle Ehre. Dein Großvater wäre sicher stolz auf dich gewesen."

„Mein Großvater? Was wissen Sie über ihn?" Verunsichert traten Paul und seine Freunde einige Schritte zurück und versammelten sich bei Markus.

Ohne auf Pauls Frage einzugehen, befahl der Scheich seinen Männern, die vier Steinwände zu entfernen. Und da stand sie. Die Säule mit der glänzenden Bronzeschlange.

„Ich ... fass es nicht!“ Markus konnte kaum glauben, was er da sah. „Warum sollte das Rätsel des Passahlammes zur Schlange des Mose führen?“

„Meine Brüder“, rief der Scheich und breitete die Hände aus. „Nun ist es so weit.“

Sofort strömten die Männer des Scheichs herbei, umringten die Statue und knieten vor ihr nieder.

Der Scheich sprach weiter: „Die Schlange des Mose, die Kobra der Götter ...“ Da unterbrach er seine Rede, weil es soeben unter ihm knackte.

Inzwischen befanden sich so viele Leute auf dem Holzgerüst, dass es zu schwanken und zu brechen begann. Auch der Steinsockel, auf dem die Bronzestatue stand, begann zu schwanken. Plötzlich brach das Holzgerüst unter den Männern weg. Es gelang ihnen grade noch, abzuspringen oder sich irgendwo festzuhalten.

„Achtung, die Schlange!“, rief der Scheich.

Sofort sprangen zwei Männer herbei und wollten die Säule festhalten. Doch es war zu spät, die Säule war zu schwer. Sie fiel um, und die oben angebrachte Schlange knickte ab und krachte mit voller Wucht auf den Boden, wo sie in viele tausend Stücke zerbrach.

„WAAAS?“ Entsetzt betrachteten der Scheich und seine Männer den Steinhaufen. „Nur eine Täuschung aus Stein?“

Markus schüttelte den Kopf: „Hatten Sie allen Ernstes geglaubt, der Mythos sei real? Selbst wenn, die Schlange des Mose hätte niemals die letzten 3000 Jahre unbeschadet überstanden. Und auch dann wäre es nur ein Symbol gewesen.“

„Nur ein Symbol?“, fragte der Scheich entgeistert.

„Ein Symbol, an dem die Menschen lernen sollten, Gott zu gehorchen. Es ist absolut nichts Magisches an einem Stein oder einem Stück Bronze. Das muss Ihnen klar sein! So naiv konnten Sie unmöglich gewesen sein."

Offensichtlich hatten die Männer sehr schnell das Interesse verloren und machten sich aus dem Staub.

Doch plötzlich machte Paul eine Entdeckung: Mitten in dem Haufen der zerbrochenen Schlange funkelte etwas Buntes hervor. „Die Edelsteine!", flüsterte er. „Paps, die Steinschlange war nur Tarnung und Versteck für die Edelsteine." Schnell kroch er darauf zu.

Doch im selben Moment griff auch der Scheich danach. Er war schneller.

„Hey!", schrie Paul. „Das gehört uns!"

„Was du nicht sagst." Der Scheich hielt einen faustgroßen, mehrteiligen Edelstein in die Höhe und drehte ihn, sodass sich das Licht der Fackeln darin brach. Bei genauerer Betrachtung konnte man gut erkennen, dass die zwölf Edelsteine in einer kunstvoll gearbeiteten Metallhalterung klemmten. „Wunderschön", murmelte der Scheich. „Zwölf Stämme Israels. Zwölf Edelsteine. Ich muss gestehen, bis eben hegte ich Zweifel, ob an dieser Legende überhaupt etwas dran ist. Doch jetzt ... Ich werde diese Edelsteine genau untersuchen lassen. Wenn sie tatsächlich die vermutete Markierung tragen und in den Brustschild Aarons passen, wäre dies in der Tat eine interessante Entdeckung. Fast könnte man von einem weiteren Beweis für die Echtheit der Bibel sprechen."

„Geben Sie das her!", befahl Sarah. „Sie haben kein Recht ..."

„Junge Dame, wegen dieses Steins bin ich überhaupt hierhergekommen. Dieses Prachtstück wird mich reich machen! Du hast doch nicht ernsthaft geglaubt, ich sei der charismatische Führer einer Bruderschaft der Kobra. So ein Unsinn! Das war doch nur Theater für die Männer." Unter lautem Gelächter verließ er den Raum.

„So ein Mist!", schimpfte Paul.

Sarah schnaufte: „Der ist ja so gemein!"

„Helft mir bitte auf!“, bat Markus. „Treten wir den Rückweg an.“

Paul und Clara stützten ihn.

Clara war ebenso tief getroffen wie Markus und fragte: „Was machen wir denn jetzt?“

Pauls Vater atmete schwer. „Ich ... weiß es nicht.“

Niedergeschlagen verließen sie den Raum und überquerten mühsam das Plateau mit den vielen Steinen und Felsbrocken.

Da machte Paul eine Entdeckung: „Hey, seht mal, da! Dieses Tor da drüben war vorhin aber noch nicht offen.“

„Du hast recht!“, sagte Samuel. Er eilte voraus und leuchtete mit der Taschenlampe in einen dunklen Gang. „Da führt eine Treppe nach oben. Ich kann mich irren, aber das könnte eine Abkürzung zum Ausgang sein.“

Paul kramte die Karte mit dem Lageplan des Labyrinths heraus. „Falls das eine Abkürzung ist, wird sie Dr. Salvini eingezeichnet haben. Moment ... also ... ja. Genau! Hier! Seht ihr?“

„Mir ist jede Abkürzung recht“, ächzte Pauls Vater.

So beschlossen sie, den Weg auszuprobieren. Tatsächlich führte dieser Gang zurück. Direkt neben dem ersten Rätsel verließen sie den Aufgang und erkannten die Treppe, die zum Ausgang führte.

„Moment, eine kurze Pause“, bat Pauls Vater.

„Was ist denn da oben los?“, wunderte sich Clara. Vom Eingang des Tunnels her drangen Stimmen zu ihnen herab. Als sie weitergingen, wurde es immer heller. Der Schein vieler Fackeln erleuchtete den Tunneleingang. Schließlich traten sie aus dem Tunnel in den Raum und trauten ihren Augen nicht.

Der ganze Raum war voller Kinder – große, kleine, einer mit Krücke. „Hey, euch kenn ich doch.“ Paul zog die Augenbrauen hoch und erkannte in der Menge mehrere der Kinder wieder, denen sie zuvor geholfen hatten. Aber das Verrückteste war, dass in ihrer Mitte der Scheich stand. Mit gesenktem Kopf stand er einfach so da.

Als wüsste sie, was zu tun wäre, ging Clara auf ihn zu und sprach ihn an. „Ahmed?“

Doch der Scheich schien zu keiner Antwort fähig zu sein und starrte stumm auf die Kinderschar.

Fragend sahen sich Paul und seine Freunde an.

„Was hat das zu bedeuten?“, versuchte Pauls Vater zu ergründen.

Clara drehte sich zu Markus, Paul und seinen Freunden um und sagte bewegt: „Ich denke, ich kann es erklären. Ahmed ist als Kind in einem Waisenhaus aufgewachsen, das durch einen Bombenanschlag zerstört wurde. Die nächsten Jahre als ... Straßenkind ... waren schlimm für ihn. Als er alt genug war, schloss er sich einer kriminellen Jugendbande an. Später wurde er von der Sektion angeworben, um ihr Mann in Ägypten zu werden.“

Der Scheich fuhr sich mit der Hand übers Gesicht und wandte sich ihnen zu. „Ihr müsst das verstehen. Das war meine große Chance, dem ganzen Schlamassel zu entgehen. Doch in den letzten Stunden ... hat mir Frau Goldstein Zyper-Mayer ...“

„Clara, bitte.“

„...hat Clara mir sehr viel über die Schattenseiten der Sektion erzählt. Dinge, von denen ich keine Ahnung hatte. Doch sie passen ins Bild. Und dann hat sie davon gesprochen, wie Jesus in ihr Leben kam.“

„Und nun?“ Sarah war noch nicht von seiner inneren Umkehr überzeugt.

„Als ich hier ankam, warteten die Kinder schon alle. Ich ... als ich sie nun so vor mir stehen sah, so schmutzig, unschuldig und ohne Chance auf ein besseres Leben, hat es mir das Herz gebrochen. Sofort musste ich an meine eigene dunkle Kindheit denken. Eine Kindheit, die ich tief vergraben glaubte. Ich wollte einfach nur weg von hier. Aber die Kinder ...“, dabei strich er ihnen erstaunlich sanft über die Köpfe, „... sie ... sie haben mich einfach nur mit ihren großen Augen angesehen.

Ich konnte einfach nicht mehr. Ich kann so nicht mehr weitermachen." Plötzlich griff er in seine Jackentasche und holte den großen Edelstein hervor. Er betrachtete ihn noch einmal und streckte unerwartet die Hand aus. „Hier! Nehmt ihr ihn!"

Sarah und die Jungs wussten nicht recht, ob das eine Falle war.

„Los! Nehmt ihn schon!", wiederholte er und drückte ihn Sarah in die Hand. Dann drehte er sich um und ging zur Tür. Dort blieb er noch einmal stehen, blickte über die Schulter auf die Kinder und sagte leise: „Ich gebe euch ein Versprechen. Gleich morgen werde ich mich von Sektion13 trennen und mein Vermögen und meine ganze Kraft in ein Hilfsprojekt für Straßenkinder stecken. Es ist genug Leid geschehen. Entschuldigt mich bitte!" Seufzend verließ er das Haus.

Noch immer ganz verdattert begutachtete Sarah den riesigen Edelstein in ihrer Hand an. „Heftig! Einfach nur heftig!"

Georgios hatte geduldig im Auto gewartet und fuhr seine Gäste ins Hotel. Sie hatten nicht einmal mehr Hunger. Sie alle waren total fix und fertig. Markus war froh, im Hotel einen Sanitäter anzutreffen. Sein Fuß war glücklicherweise nur geprellt.

So kam es denn auch, dass sie fast bis Mittag schliefen.

Zu ihrer Überraschung erhielten sie am Frühstückstisch unerwarteten Besuch.

„Herr al-Zahyyid!", rief Markus mit großen Augen. „Das ist aber eine Überraschung. Bitte, setzen Sie sich!"

Es war deutlich zu sehen: Der Mann, der nun vor ihnen saß, war nicht mehr derselbe wie gestern. „Wie ich es gestern versprochen habe ... heute Morgen habe ich mich von Sektion13 getrennt. Ich will nie wieder etwas mit ihnen zu tun haben. Ich möchte mich in aller Form bei euch entschuldigen. Ich habe euch große Mühe gemacht und in große Gefahr gebracht. Das tut mir sehr leid. Natürlich kann ich das niemals wiedergutmachen."

„Machen Sie sich keine Gedanken", sagte Paul fröhlich. „Wir haben einen wunderbaren Herrn, der uns vergeben hat. Also können auch wir Ihnen vergeben. Und das tun wir auch. Stimmt's, Freunde?"

„Ja!"

„So ist es!"

Der Scheich seufzte tief. „Ich ... danke euch. Erlaubt mir wenigstens, euch noch eine kleine Zeit der Erholung zu ermöglichen."

„Wie meinen Sie das?", fragte Dominik neugierig.

„Ich lade euch alle in mein Haus ein. In mein richtiges. Außerdem würde ich mich freuen, euch die Pyramiden von Gizeh zeigen zu dürfen."

„Oh, wunderbar!", freute sich Sarah.

„Und, Paul ... du wirst auch schon erwartet."

Paul runzelte die Stirn. „Ich werde erwartet?"

Die Neugier bewegte wohl alle dazu, das Angebot anzunehmen. So lud der Scheich seine Gäste in die Limousine ein und fuhr mit ihnen zu seinem Haus.

„Wie ich sehe, fahren Sie noch immer teure Autos", stellte Samuel fest.

Der Scheich lächelte. „Ja, nun. Ich bin tatsächlich ein reicher Mann. Nur eigentlich kein ... Scheich. Das war nur Tarnung. Deshalb nennt mich bitte einfach Ahmed."

Paul hielt es nicht mehr aus. Kaum waren sie angekommen, bohrte er nach: „Also, Ahmed, bitte spannen Sie mich nicht länger auf die Folter. Wer erwartet mich?"

„Komm!"

Doch ehe sie gehen konnten, rannte Sarah ganz aufgeregt zu einem Holzzaun und rief laut. „Meine Güte! Wahnsinn! Sind das Ihre?"

Ahmed und die anderen folgten ihr und beobachteten eine große Herde Pferde, die gerade miteinander spielten und ihre langen seidigen Mähnen in den Wind warfen.

„Das sind in der Tat meine Pferde. Ich bin passionierter Pferdezüchter. Besonders diese Rasse hat es mir angetan. Es sind ..."

„... schwarze und weiß-graue Araber!", erkannte Sarah.

„Du kennst dich mit Pferden aus?", fragte er erstaunt.

Sarah nickte fröhlich. „Ich lieeeebe Pferde. Es sind so wunderbare Tiere."

„Na, wenn das so ist ... wenn du magst, können wir gern einmal mit ihnen ausreiten."

„Wirklich?!" Ganz aufgeregt hüpfte Sarah von einem Bein aufs andere.

„Äh, Ahmed", machte Paul sich bemerkbar, „ich will nicht unhöflich erscheinen, aber ..."

„Natürlich! Entschuldige bitte. Folge mir!"

Ahmed öffnete das zweiflüglige Haupttor. Gemeinsam überquerten sie einen großzügig angelegten Innenhof. An einer halbrunden Tür sagte Ahmed lächelnd: „Nicht erschrecken!" Er nahm einen dicken Lederhandschuh von einem Haken, zog ihn über und öffnete die Tür zu einer riesigen Voliere.

Kaum waren sie drin, hörte Paul ein lautes Kreischen. Ahmed hielt die Hand mit dem Handschuh in die Höhe, und ein weißer Falke mit braunen Punkten kam auf sie zugeflogen und setzte sich kreischend darauf.

„Ist das ...?"

„Ja, das ist Ivory – das Falkenweibchen, das du gerettet hast. Gott sei Dank hat sie sich schnell wieder erholt. Es ist eigentlich unmöglich. Ich kann es nur als Wunder sehen."

Ehrfürchtig stand Paul daneben und musterte das majestätische Tier.

„Wissen Sie inzwischen, was passiert ist?", erkundigte sich Paul.

Ahmed setzte eine verärgerte Miene auf. „Allerdings. Als ihr in Ägypten eingetroffen seid, wurde ich von der Sektion über euch informiert. Mir wurde befohlen, euch zu überwachen und den Lageplan des Labyrinths zu beschaffen. Als ich Mr. Crowley mitteilte, dass ich mich nicht an Kindern vergreife, drohte er mir, er würde schon dafür sorgen, dass ich gehorche. Nun ja, ich nahm ihn nicht ernst. Als ich vor einigen Tagen mit Ivory bei einer Flugschau war, hat jemand eine Art Gasgranate auf den Falken abgefeuert. Daraufhin muss sie kurzzeitig die Orientierung verloren haben. Denn plötzlich flog sie davon, in Richtung Innenstadt. Ich versuchte, ihr zu folgen. Dann hörte ich einen Schuss und verlor sie aus dem Blickfeld. Meine Suche nach ihr verlief leider erfolglos. Crowley wusste genau, wie wichtig mir Ivory ist." Sanft strich Ahmed über das Gefieder des Falken. „Das hat mich tief getroffen. Als dann ausgerechnet ihr meinen Falken gerettet habt, war ich völlig durcheinander. Tja ... und dann kam eines zum anderen. Clara hat auf mich eingeredet und mich über die Schattenseiten der Sektion aufgeklärt. Den Rest kennst du ja."

„Krass! Was für eine Geschichte."

Dann überlegte Ahmed und sah Paul forschend an. „Hin und wieder bin ich bei einer Flugshow dabei. Wenn du magst, gehen wir heute Nachmittag gemeinsam nach draußen. Mal sehen, ob sie schon wieder fit genug ist."

„Au ja!" Das ließ Paul sich nicht zweimal sagen. „Sie ist wirklich ein wunderschönes Tier. Kann ich sie streicheln?"

Ahmed wiegte den Kopf hin und her. „Lieber noch nicht. Ich kann nicht sagen, wie sie nach dem Unfall auf fremde Berührung reagiert. Aber soweit ich weiß, seid ihr noch einige Tage hier. Ich denke, in drei, vier Tagen sollten wir sie zumindest so weit an dich gewöhnen können, dass sie dich akzeptiert. Was meinst du?"

Pauls Augen leuchteten. „Das ist eine super Idee!"

An diesem Tag organisierte Ahmed ein großes Festmahl in seinem Haus und begleitete seine Gäste auf einen Ausflug zu den Pyramiden. Während Pauls Freunde unbedingt einmal auf Kamelen reiten wollten, begleitete er Ahmed, um Ivory bei ihren aufregenden Flugmanövern zu beobachten. Es war toll zu sehen, wie gut sich der Falke schon wieder erholt hatte.

Voller Begeisterung und mit spannenden Erlebnissen im Gepäck reisten sie einige Tage später wieder nach Hause. Während des Fluges blickte Paul gedankenverloren aus dem Fenster. Er spielte mit einer Münze zwischen den Fingern herum, die ihm Ahmed zum Abschied mit den Worten überreicht hatte: „Sie weist dir den Weg tief in die Alpen, zu deinem Großvater."

Zum Nachlesen ...

Verzeichnis der im Buch genannten Bibelstellen:

Auf Seite 24 geht es um Rache
Bibelstelle: 5. Mose 32,35 *(Neue evangelistische Übersetzung):*

Mein ist die Rache und das Vergelten, wenn die Zeit kommt und ihr Fuß wankt. Denn ihr Unglückstag wird kommen ...

Auf Seite 120 erfährst du, dass Gott uns hilft
Bibelstelle: Philipper 4,19 *(Luther-Übersetzung):*

Mein Gott aber wird all eurem Mangel abhelfen nach seinem Reichtum in Herrlichkeit in Christus Jesus.

Auf Seite 140 geht es um Rache
Bibelstelle: Sprüche 3,27 *(Neue evangelistische Übersetzung):*

Versage keine Wohltat dem, der sie braucht. Wenn du helfen kannst, dann tue es auch!

Ab Kapitel 12 geht es um die zehn Plagen
Bibelstelle: *Die zehn Plagen* sind ab 2. Mose 7,1 beschrieben.

Auf Seite 192 lernst du, auf Gottes Stimme zu hören
Bibelstelle: Hebräer 3,7-8 *(Neue evangelistische Übersetzung):*

Wenn ihr heute Gottes Stimme hört,
verschließt euch seinem Reden nicht ...

Zum Nachforschen ...

Autor: „Als Christ glaube ich daran, dass alles, was in der Bibel steht, von Gott inspiriert und wahr ist. Alles rund um den Orden der Archivare, die sieben Testamente, Sektion13 und das Siegel des Falken ist frei erfunden."

Tipps und Wissenswertes:

 # Black Eagles
Die *Black Eagles* sind eine Jugend-Gang aus Pauls Schule. Offenbar betrachten sie Paul und seine Freunde als Konkurrenz und verpassen keine Gelegenheit, um Ärger mit ihnen anzufangen.

 # Hieroglyphen
Vor mehreren tausend Jahren wurden sogenannte Bildschriften entwickelt, von denen die ägyptischen Hieroglyphen die vermutlich bekanntesten sind. Viele Texte wurden während der Zeit der Pharaonen mittels Hieroglypen geschrieben.

 # Horus, Edfu
Einer der ältesten ägyptischen Götter, die Menschen erfanden, war Horus. Er wurde häufig als Mensch mit Falkenkopf dargestellt. In Edfu gibt es heute noch einen berühmten Tempel.

 # Ägyptologie
Die Wissenschaft der Erforschung der alten ägyptischen Kultur – beginnend im 5. Jahrtausend vor Christus bis zum Ende der Römerherrschaft im 4. Jh. n. Chr. – nennt man Ägyptologie.

 # Chan el-Chalili
Der wohl berühmteste orientalische Basar in der Altstadt von Kairo (Ägypten).

Wie alles begann …

Testament7 (Band 1)
Das Buch der Wahrheit

Gb., 192 S.
ISBN 978-3-86353-582-7
Best.-Nr. 271582

Testament7 (Band 2)
Das Geheimnis von Villstein

Gb., 192 S.
ISBN 978-3-86353-583-4
Best.-Nr. 271583

Testament7 (Band 3)
Das Pergament des dritten Zeugen

Gb., 208 S.
ISBN 978-3-86353-584-1
Best.-Nr. 271584

Testament7 (Band 4)
Der Schatz der Tempelritter

Gb., 224 S.
ISBN 978-3-86353-585-8
Best.-Nr. 271585

Das Abenteuer geht weiter!

Das Team rund um Paul, Dominik, Sarah und Samuel hat bereits fünf der sieben Testamente gefunden. Wenn du wissen möchtest, wie und wann es weitergeht, dann laden wir dich gern ein, auf unserer Website ein wenig zu schmökern. Dort findest du Informationen rund um unser Team, die Stadt Villstein und viele weitere interessante Themen.

Vielen Dank fürs Lesen und bis bald! ;)

Im Internet findest du uns unter:
www.testament7.de

Oder du scannst den folgenden QR-Code
mit deinem Smartphone ein: